作者 —— 吳萬寶

走在葡萄牙之路上

天空數位圖書出版

目錄

序	05
照片集錦	07
一、啟程前的準備	19
二、斗羅河右岸	29
三、Metro or walking?	39
四、Bus and walking	49
五、Taxi and walking	61
六、Simply, the best of "The Way"	71
七、Good Way	77
八、Via Romana XIX	89

目錄

九、最短的路程　　　　　　　　　103

十、路程破百　　　　　　　　　　115

十一、遇見愛唱歌的義大利人　　　129

十二、木杖、葫蘆和扇貝殼　　　　141

十三、惱人的 overbooking　　　　153

十四、兩天當一天計　　　　　　　167

十五、主教座堂廣場　　　　　　　181

序

　　上一世紀九零年代在德國念書時，完全沒有聽過聖雅各朝聖之路（The Way of St. James／Der Jakobsweg），也沒有注意過路旁有無以藍色為底的扇貝殼與黃箭頭路標牌。一直到束裝回台二十多年後，著手準備寫一本歐洲文化之路的書時，聖雅各朝聖之路才進入我的雷達搜索範圍內。這一接觸，立即被我鎖定，心想等書出版後，一定要去西班牙走一遭。

　　2019年寫了一年多的《歐洲理事會與歐洲文化之路》終於付梓出版，但由於身兼行政職的關係，難請長假，遠離日常繁瑣事務，跑去歐洲，心無罣礙地徒步旅行。

　　舊時戲台對聯有這麼一句話「為人須顧後　上台終有下台時」。這話的重點雖要人處處替他人留餘地，但對我來說，「衷心盼望」的是下台（卸任）那一刻的到來。「衷心盼望」並不等於可以尸位素餐，而是日日努力扮演好自己的角色。等到「終有」的時刻到來時，就可無事一身輕地起程前往歐洲，一圓徒步朝聖的心願。

　　朝聖之旅不是一趟說走就走的旅行，它需要事前的資料蒐集、行程規劃、鍛鍊腳力，以及最後階段的

走在葡萄牙之路上

　　行李打包。行李打包尤其重要，畢竟負重走路是非常需要計較斤兩的。在這裡要感謝舍妹京璘提供的朝聖之路豐富資料，以及她自己徒步行走八百公里的法國之路的經驗。至於鍛鍊腳力，根本不在我的計畫內。以跑過一百多場馬拉松的經驗，應付每天走個二十公里上下的路程，應該沒甚麼問題啊！沒過，我還是揹著內裝 7 本重達 5.6 公斤的書的背包，在淡水新市鎮公司田溪兩旁的步道，穿登山鞋練習負重走路。

　　來回機票訂了，沿路的住宿也預訂好了，全重 6.5 公斤的 40 公升背包也裝妥當了，一切準備就緒。2024 年 8 月 2 日晚間，我和淡江大學英文系蔡振村學長（70 歲了！）兩人搭土耳其航空，前往伊斯坦堡，再轉機到葡萄牙波多，開啟我們的朝聖之旅。

　　記得在愛沙尼亞首都塔林的路邊停車格內，看過一句烙印在重型機車油箱上的德語，它是這麼寫的：「Manche träumen ein Leben lang, ich fahre meinen Traum！」它的意思是：有些人夢想一生（駕駛重機），而我卻騎著我的夢想。把這句話稍微轉換一下場景，它可以是：有人夢想步上我的旅程，而我卻踏上我的夢想。

吳萬寶
2024 年 11 月

照片集錦

照片集錦

📍 **朝聖之路路標**

走在
葡萄牙之路上

照片集錦

📍 沿途各種路面

走在
葡萄牙之路上

照片集錦

走在
葡萄牙之路上

照片集錦

📍 路上的人們

走在
葡萄牙之路上

照片集錦

走在
葡萄牙之路上

◉ 主教座堂廣場

照片集錦

走在
葡萄牙之路上

一、啟程前的準備

走在葡萄牙之路上

　　讀萬卷書不如行萬里路，說的容易，做起來卻沒有那麼簡單。中世紀的人們很少出門遠離家鄉，一輩子大概都守在同一個地方。電影魔戒首部曲：魔戒現身中，山姆和佛羅多受到巫師甘道夫所託，要將戒指帶離夏爾，前往布理，與他在躍馬酒店會合。當山姆和佛羅多出了家門，經過一片田地，到了田地的盡頭，即將步入樹林時，山姆說這是我這輩子到過的最遠的地方。

　　山姆和佛羅多出門時，身上的行李相當簡單。山姆多準備了一些食物和兩隻平底鍋。兩人似乎沒有甚麼行程表之類的計畫，倒像是一趟說走就走的旅程。今日的我們遠行時，是必須要有計畫的，簡單講要有一份行程表。

　　我們的朝聖之路是平易近人的葡萄牙之路，而且是從波多，而不是葡萄牙之路的起點里斯本出發。我們的行程安排乃是依據朝聖之路指南書（A Pilgrim's Guide to the Camino Portugués, John Brierley）來設計。全程 248 公里的路線與住宿地點，絕大部分都依據該書所建議，唯獨只有兩個地方與指南書的規劃不同。

　　首先是波多啟程後的第一個休息站。書的規畫地點為 26 公里外的 Vilarinho。當上網尋找 Vilarinho 的住宿處時，竟然發現這個地方只有公有的阿爾貝給

（Albergue，需電子郵件預訂），而沒有一般的旅館。依據我們自設的住宿不擔心原則，只好找一個里程數相差不大，卻有旅社的地點。於是第一個落腳處便選偏離中央線，位在海岸線的孔迪鎮（Vila do Condo）。

孔迪鎮為葡萄牙之路海岸線的第一站，而我們要走的是中央線，第二天必須走回中央線，到第二站巴賽盧旭（Barcelos），路程可能會因此而多了四、五公里。

第二個不同處是比指南書建議的天數還多停留一天。之所以會發生這個失誤，乃是因為安排行程時，於表格內鍵入日期時跳過一日，以至於發現後，必須重新修正，變成必須在途中多停留一天。行程的最後一日原本排定從帕德龍（Padrón）直接走到終點站聖地牙哥。由於多出一日，只有兩個選擇：要麼在聖地牙哥多待一天，要麼在帕德龍和聖地牙哥之間，選個小鎮，多停留一天。最後的考慮是選後者，原因是我們預計在聖地牙哥前後待上五天四夜。為何會在聖地牙哥待那麼久？一來本想從聖地牙哥走去世界的盡頭，但發現時間不夠，只好變成搭車前往，當日來回。二來是想不知日後是否會再來，多待個一兩天好好認識這座聖城也不錯。

我們的葡萄牙朝聖之路（中央線）行程表長這樣：

走在葡萄牙之路上

日期	出發地	里程數	目的地	住宿
08/02	桃園→伊斯坦堡		19:40 抵桃園機場 TK25 21:40-05:20 伊斯坦堡轉機，轉機時間約 2 小時 30 分	
08/03	伊斯坦堡→波多 TK 1449		TK1499 07:55-10:55 抵波多 1.從機場搭捷運紫線到 Trindade，轉黃色線到 Sao Bento 站，再徒步至旅社，捷運票價 1.60 歐元。 2.到波多主教座堂旅客中心買朝聖護照。	Guest House Triunfo
08/04	調整時差		波多體驗路線：從大教堂沿斗羅河右岸輕裝走到 Matosinho 約 12KM，再搭捷運回 Trindade，徒步回市中心。	Guest House Triunfo
08/05	波多大教堂	32.1KM 或 11.8KM	兩種行程： 1.從波多大教堂徒步前往，沿海岸線，約 6-7 小時。路線分成三段，共 32.1KM： 1.1 Porto Matosinho（11.5 公里）	孔迪鎮 Naval Guest House

			1.2 Matosinho 走到 Praia de Labruge（11.2 公里） 1.3 Labruge 到 Vila do Conde（9.3 公里） 2. 搭一段捷運，再徒步：在 Trinade 站搭 metro 紅線到 vilar do pinherio，再徒步沿藍線到 Vila do condo 約 11.8KM	
08/06	Vila do Condo	30.9	Barcelos 從 Vila do Condo 走到 Barcelos，回到葡萄牙之路的中央路線，約 30.9 KM	Casa da Rosa
08/07	Barcelos	34.5	Ponte de Lima	Oldvillage Hostel
08/08	Ponte de Lima	17.4	Rubiaes	康斯坦丁諾阿爾民宿
08/09	Rubiaes	19.1	Tui(西)，進入西班牙	科隆圖伊酒店
08/10	Tui	16.7	Porriño	Alijamiento Camino Portugues
08/11	Porriño	17.2	Redondela	Pilgrim Rooms

走在葡萄牙之路上

08/12	Redondela	20	Pondevedra	Pension Santa Clara
08/13	Pondevedra	19	Caldas de Reis	Estrella Do Camino
08/14	Caldas de Reis	25	Padron	Ecoroom PADRON
08/15	Padron	7	Angueira de Suso	Pension HK
08/16	Angueira de Suso	13	Santiago de Compostela	Hostal Costa Azul
08/17	聖地牙哥		逛城日	Hostal Costa Azul
08/18	Fisterra / Muxia		搭乘巴士前往世界的盡頭，當日往返聖地牙哥，票價49歐元，09:00搭車，18:00回到聖地牙哥，飲食自備。	Hostal Costa Azul
08/19	聖地牙哥		健行日	Hostal Costa Azul
08/20	聖地牙哥→馬德里機場→德國杜塞道夫	伊比利航空	10-11點從旅館出發，11:45抵達聖地亞哥機場	Hampton by Hilton 杜塞火車站旁

			聖地牙哥 IB8941 13:45-15:00 轉機 4 航廈 馬德里 IB3132 16:40-19:10 杜塞道夫	
08/21	杜塞多夫		自由活動日	Hampton by Hilton
08/22	杜塞多夫機場→伊斯坦堡	土航	04:30 起床，火車站搭火車往機場，05:20 抵達杜塞機場 TK1530 07:20-11:45（3 小時 25 分）轉機時間約 4 小時	
08/22	伊斯坦堡→桃園機場		TK124 15:55-08:05（11 小時 10 分）	

　　當中世紀的人們踏上這條路時，一頂草帽、繫有一只葫蘆的木杖、內裝簡單衣物的包裹等是必備的。但有件東西更為重要，就是居住地教堂核發的證明。憑著這張證明，朝聖者可以入住專為朝聖客準備的庇護所。Albergue 這個詞有不同的意思，西班牙語的 Albergue，指的是臨時住處，也可以是獸穴；葡萄牙語的 Albergue 可以是青年旅館，也可以是收容所。今日卻有人稱 Albergue 為庇護所。我們寧可以音譯為主，

走在葡萄牙之路上

稱之為阿爾貝給。因為庇護所，今日聽起來很像外國人一路千辛萬苦跑到歐洲去尋求政治庇護，而當地政府在審查期間所提供的臨時住處一般。

其實不論何種翻譯名詞，Albergue 指的是專供朝聖者歇息過夜用的處所，它的價格便宜，設備簡單。缺點（如果龜毛一點的話）是浴廁共用，就寢時，可以聽見他人的打呼聲；天色尚未明時，或許會被早起的鳥兒喚醒。優點是可以認識來自世界各地的朝聖愛好者，彼此之間沒有甚麼利益糾葛，每個人卻都有一個相同的目標，也就是一路走到聖地牙哥德孔波斯特拉主教座堂前的歐伯拉都伊羅廣場（Plaza do Obradoiro）。

與中世紀的人們相比，今日的我們簡直幸福破表。走上同一條朝聖之路，今日的我們自然也需要一頂可以遮陽的帽子，一支或一雙健行杖，揹上一個 40 公升以上的大背包，腳穿健行鞋或運動鞋，傍晚入住阿爾貝給。不同的是我們不再需要教堂開出的證明。更為不同的是，除了公私立阿爾貝給之外，我們還有其他多種住宿選擇，只要你的口袋夠深。

這次旅行，考慮到八月時上路的人較多，我們的腳程又慢，抵達當日的預定地時，搞不好公立阿爾貝給已經被住滿，屆時只得心情沮喪地尋找落腳處。為了避免落入無處可住的窘境，決定捨公立阿爾貝給，

住一般旅社（Guest House, Hostel, Pension, Hostal）。因是兩人同行，選的是單間兩張單人床。這類旅社的房價當然比一般的阿爾貝給貴一些。儘管大部分旅社的浴廁仍是共用，但想到夜晚安眠時，不會聽到別人的打呼聲，貴一點是值得的。

八月初上路，五月時就得開始上網訂房，免得晚了，住宿的選擇性變少。網際網路發達的時代，上網訂房相當簡單。打開網頁，輸入地名與日期等條件，按下搜尋鍵，開始瀏覽該城鎮入住當日尚有空房的旅館。旅館的地理位置、提供的設施，周邊的商家等等，都是必須考慮的重點。一旦選定，選取入住人數、房型、床型等等，填上相關資料。按下確定鍵，送出。付款，確定，送出。如此便完成訂房的作業。

預先訂房的好處是可以安心，不必擔心走了一天的路後，找不到可以躺下來休息的地方。相對的，小小的缺點是一定要當天入住，而且若因故變更，是會被收取一定費用的。

一切準備妥當，剩下來的就只有路上的隨機應變，以及隨遇而安了。

走在
葡萄牙之路上

二、
斗羅河右岸

走在葡萄牙之路上

葡萄牙朝聖之路的起點，從里斯本算起，全長約640公里。不過，一般都從波多出發。從波多徒步前往聖地牙哥的朝聖之路有兩條路線：中央線（Caminho Portugués Central）和海岸線（Caminho Portugués da Costa）。

中央線以波多主教座堂廣場的朝聖路標為起點，依循著248公里標記的黃箭頭方向往下切，經過（頗為無聊的）市區，一路往北經蓬提利馬（Ponto de Lima）、圖伊（Tui）、雷東德拉（Redondela）、帕德隆（Padrón）到聖地牙哥。

海岸線的起點也是主教座堂廣場的路標，但行進路線與中央線相反，先往下切到斗羅河（Rio Douro）岸，再沿著河邊走到出海口附近，轉向北，沿著大西洋岸走。走到維哥（Vigo），再前往雷東德拉匯入中央線。

葡萄牙之路是僅次於法國之路，完走人數排名第二的朝聖之路。2023年共有141,482位來自世界各地的背包客完成葡萄牙之路最後100公里（自行車200公里）的考驗。其實，若以出發點來看，從波多出發的背包客只有31,842人。換句話說，可以從路線上的任何一個點出發，只要完成最後100公里，都會被計

算在內。[1]抵達主教座堂廣場，拍完雙臂高舉的照片後，可以到主教座堂朝聖者辦公室，憑有蓋章的朝聖護照換取兩張完走證書（3 歐元）。

凡走過海岸線的背包客，對優美的風景多半讚不絕口；尤其若搭上一段渡輪，那更是誘人想去走一遭。不過，初試啼聲的我們計畫走中央線。為了體驗一下海岸線的魅力，抵達波多的第二天來段斗羅河右岸漫步遊，走個 12 公里，欣賞沿岸的明媚風光。

從主教座堂廣場的朝聖路標，往河岸方向走去，盡是下坡的石階。走過牆壁斑駁的民房，越接近河面公路，壁上塗鴉越多，說不出到底是藝術，還是視覺汙染。不寬的小巷弄還算好走，路面鋪著一塊塊石頭，若是馬兒踏在上面，鐵定發出達達的馬蹄聲。

不出數分鐘，寬廣、飽滿的斗羅河霎時映入眼簾。站在路旁，高聳的路易一世鐵橋矗立在頭頂上，由下往上望，還真是壯觀；倘若由橋上往下望，路上的行人還真渺小。在尋覓行人穿越道時，一位晨起散步的葡萄牙女士，帶著喜悅的笑容，說著我們聽不懂的葡萄牙語。她的意思大概是行人穿越道在後面那邊，那

---

[1] 本書使用的朝聖之路相關數字，皆取自聖地牙哥主教座堂朝聖者辦公室提供的數據，網址：Statistics | Pilgrim's welcome office (oficinadelperegrino.com)

走在葡萄牙之路上

裏有纜車站，可從底下坐到上頭。我們回以微笑，嘴巴吐出一個必須會的葡萄牙語單字「Obrigado！」

從鐵橋下往斗羅河出海口的方向走去，這條路就是海岸線了，也是市公車500號的行駛路線。去年曾造訪過波多，當時將公車500號當作觀光巴士搭乘。從聖本圖（S. Bento）公車站起點，搭到一個司機要我們下車的不知名終點站，一路飽覽斗羅河右岸風光。

徒步當然不同於搭車。人（閩南語）說「坐船看海浪，坐車看風景，坐飛機就看天頂」。徒步既看景，也看頂上的藍天，最多的還是看來來往往的右岸行人。此時早上8點多，明亮的陽光灑在河面上，穿透岸邊淺灘亂石，可瞧見一大群魚快樂地悠游其間。「子非魚，安知魚之樂？」，我是不知道河中的魚快不快樂，但起碼我知道至少這些魚不會變成觀光客的盤中飧。

星期日早上此刻，路上車輛稀少，行人也不多，這座城市的人不是還躺在床上，就是正在享受悠閒的早餐吧？

說是河岸人行道，卻不是馬路旁的人行道，而是從馬路側面，用鋼鐵架出來的人行道。人行道上一半鋪鐵板，另一半鋪格柵水溝蓋，頭一低便可瞧見腳底下流淌的河水。

二、斗羅河右岸

看見迎面跑來的晨跑男女,我們停下腳步,側身讓他們過。由於人行道不甚寬,有些跑者乾脆直接跑在馬路上。危險嗎?不會!一來星期日早晨車輛稀少;二來歐洲人的開車公德心高(一般而論),即使騎腳踏車,汽車駕駛還是乖乖地在後頭跟著,直到可以超車為止,絕對不會按喇叭要你讓路。

路旁一座不起眼的小教堂,白牆上的十字架下寫著 1394。波多的歷史可以追溯至公元 4 世紀,它的源起類似德國法蘭克福(Frank-Furt),從一個河邊小漁港,逐步發展成為貿易、商業中心。只不過波多的歷史更早於法蘭克福。

1394 底下畫有一面藍色壁畫,一眼望去,好像是一位傳教士對著一位戴圓帽的貴族說教吧?貴族身後站著好幾位像侍衛或僕人。無暇(或者不想)研究壁畫的故事,反正是波多的歷史片段。

再往前徐行,晨跑的男女還真不少,此岸有,彼岸也不遑多讓。看著跑者的一身勁裝,雙腳不自覺地癢了起來,也想跟著一起跑。只是今天是來徒步的,不是來跑步的,只得按捺下快要跑起來的雙腳。

有人喜歡晨跑,自然也有人喜歡通宵達旦歡樂。路邊一間看起來像是倉庫的建築物,轟腦的音樂從敞

走在葡萄牙之路上

開的大門流瀉而出,年輕男女三三兩兩,或坐或站在路邊閒聊。看著他們不顯疲憊的臉龐,只能說,年輕真好。

鐵架人行道接上石板人行道,路面頓時寬了起來。兩位背包客步伐輕快地從旁超車,其中一位的背包上掛著一個扇貝殼和一只葫蘆。扇貝殼和葫蘆是朝聖者的標記,尤其是扇貝殼,幾乎每一位朝聖者出發時,都會「買」一個扇貝殼,別在背包上。路人一看就知道,哇,是要去聖地牙哥的,Bom Caminho!

人行道寬了起來,行道樹也高大了起來,晨跑的人也多了。經過一處兒童遊戲場,地面上鋪滿細沙石,上頭設置好幾座遊戲器具。難得的是竟然有簡易飲水裝置,真是佛心來著,趕忙上去喝它兩口。

水喝下肚,有進就有出。憑過往的經驗,歐洲的公廁不僅少,還得繳清潔費,這時想上廁所怎麼辦呢?前頭出現一座公園,進去裏頭找找。

公園裡沒有跳舞的「大媽」,也沒有「吵人的卡拉OK」,倒是有假日市集,販售的盡是手工文創品。學長跟頭一個攤位的年輕人問廁所在哪,年輕人連說帶比,指著左前方。我們話語不通,只好循著大約的方向找去。

二、斗羅河古岸

　　公園不大，一會兒眼前就出現一間猜想是賣冰淇淋的黃色小屋，門口的一面牌子，左邊寫著 Patrimonio Municipal（市府財產），右邊 Homens。哎呀，出發前沒多自學點葡萄牙必用單字，不知道 Homens 就是男性的複數詞。要是有點自覺學學單字，或是腦筋動得快，看出 men 在其中，也不會繞了兩圈，才碰見一位女士，手指另一頭，說 man。

　　兩人走進另一頭的入口，一眼就看見立式小便斗。立式小便斗的造型真是奇特，呈六角形，每人各立一面。這種造型的小便斗，曾在荷蘭看過一次。兩者的差別是，荷蘭人高大，小便斗的位置也高，害長得普通身材的我得墊腳尖，才不會有外漏之虞。這裡的小便斗卻是一斗到底，不必顧慮高矮，大小通吃，包君滿意。

　　兩人處理完必需後，去市集逛逛。對文創商品沒甚麼興趣，頭一家的麵包攤卻吸引住我的目光。走近一瞧，除了可頌、果醬麵包（Berlim，很像德國的柏林果醬包 Berliner）外，讓我眼睛發亮的是四、五種厚實的大麵包。歐洲的大麵包又硬又實，一般人吃不慣。吃時，非得拿鋸齒型的麵包刀來切片不可。買了一個正方形的梅果酸種麵包（4.5 歐元），那味道可真香。

走在葡萄牙之路上

走了大概有 5 公里多了,坐在行人道旁小廣場的長椅上,啃著麵包,看著一望無際的大西洋,所謂的「無閒事掛心頭」,大概就是這樣吧。

繼續往前走,又有兩位背包客,手持健行杖,愉快地超過我們,一路向北。這裡的大西洋有點退讓,讓出一片沙灘與礁石交錯的景致。人們或者已經躺在沙灘上享受日光浴(早上 9 點多),或者提著籃子,四處尋找適合鋪下毯子的沙灘,或者乾脆就躺在礁石上。躺著曬太陽,這才是真正的「無閒事掛心頭」吧?

沙灘的面積越來越大,運動的人也多了起來。寬敞的人行道上,跑步的、散步的、騎自行車的,溜直排輪的;沙灘上有打排球的、踢足球的、丟飛盤的、打網球的,遠處水中有游泳的、衝浪的,見這場景仿佛波多人全跑到這片沙灘來了。

眼前的沙灘面積,據不甚精確的雙眼量測,長度約兩公里以上,寬度不下五、六百公尺。整座沙灘上,滿是從事各種沙灘運動的人們。

寬敞的人行道上也沒閒著。先是一群人跟著台上教練跳有氧舞蹈,有興趣的路人都可手舞足蹈一番,免費教學。再來是直排輪區,接著是騎自行車區,兩區都可見小朋友戰戰兢兢地滑或騎著。原來,這是一家運動俱樂部(BTT Matosinho)提供的小朋友教學區。

二、斗羅河古岸

望著這片沙灘，瞧瞧運動中的人們，一位長髮披肩的背包客從旁走過，背包上掛著明顯的扇貝殼，一路輕盈地向北去。

人行道的盡頭立著數位或站或蹲的女性銅雕像，不約而同地望向海洋，各以不同的手勢和表情，表達出她們的哀傷。1947 年 12 月 1－2 日，一場大西洋暴風雨席捲波多海岸，導致多艘漁船沉沒。這場暴風雨帶走 152 位漁民的生命，留下 72 位寡婦和 152 位孤兒。生命源自海洋，終將回歸海洋？

走完人行道，海岸線應沿著 EN531 公路，走過雷薩橋（Ponte móvel de Leça）後左轉，往海邊去。我們只是體驗一下海岸線的風景，走到這裡（約 10 公里），也可以打道回城了。問了兩位在路口執勤的警員，原來 metro 站就在前方四、五百公尺處，不遠嘛！

早上出門前有吃點東西，但沒喝咖啡，見路口一家 Maurícia 咖啡店（其實也是早餐店），兩人進入點杯咖啡。侍者端來兩杯義式咖啡，大概只夠三口。一杯一歐元，性價比真是高。三口咖啡適合匆忙的過路客，既可解饞，又不用花太多時間。走進販賣咖啡的大小商店，若只說咖啡，通常指的是義式咖啡；若想喝美式咖啡，就得說 Americano（美式咖啡）。有時店員會

走在葡萄牙之路上

指著大小兩種咖啡杯，看著你，意思是小杯（義式）或大杯（美式）。

坐上 metro，不到 20 分鐘的時間，就回到市中心。兩人去主教座堂，跟著人龍排隊，買兩本朝聖護照和兩個扇貝殼。明天一早，我們就要上路了。

三、Metro or walking？

走在葡萄牙之路上

Walking or riding? That is the problem.

依照我們的徒步計畫，第一天必須走到海岸線的孔迪鎮，路程有 31 公里。

不是走中央線嗎，為何第一站是海線站？原因其實很簡單，因為找不到住宿點。不是找不到，而是 booking.com 網站上，該處無可提供的旅社。也不是無可提供，而是該處的阿爾貝給必須事先透過電子郵件預約登記。由於懶得信件往來和等待，索性把落腳處往西偏移，這一下就移到孔迪鎮。

31 公里當然可以克服！走海岸線的朝聖背包客，第一天的行程就是 31 公里，不多也不少。然而，我們曾碰過兩位葡萄牙 18 歲小夥子，也走海岸線，第一天就走了 42 公里。我的天啊，42 公里，一個馬拉松的距離！這兩位小夥子走完葡萄牙之路，只花六天的時間，平均一天走 40 公里。急行軍一小時可走到 8 公里，走個 5-6 小時，也就走完 40 公里。可是，朝聖之路又不是急著去打仗。只能說，哇，年輕真好！

臉書社群裡對中央線第一日的評語，一般都是說大部分的路都在市區，走起來不舒服且無聊。也有個位數的人說，先搭一段 metro，避開無聊的市區，再下車徒步。我們昨日體驗了 10 公里的海岸線，今日就圖個方便，搭段 metro 吧。

三、Metro or walking?

　　路線是這樣規劃的：先在聖本圖站搭黃線，到 Trindade 站轉紅線到 Vila do Pinherio 站下車，再徒步到孔迪鎮，路程約 12 公里。由於我們在波多機場買了 48 小時的交通票，當然要把它運用到最極致。

　　車來了，上車。坐在車廂內，邊看窗外風景，邊注意車門上方跑馬燈顯示出的站名。為什麼有些看起來像是小站的車站，這部車沒有停下來。車廂內的葡萄牙語廣播，我們聽不懂。然而我們卻看得懂跑馬燈上顯示出 express 的字樣。原來我們搭上區間快車，預計下車的車站，這車是路過不停的！總不能直接搭到終點站孔迪鎮吧？我們選擇在 Modivas Sul 下車，好歹走個幾公里也好。

　　下了車，一看周遭，四周無住家，像是郊區，不遠處有一個大型購物中心。我們不辨東西南北，拿出手機，點出地圖，輸進 vila do conde，再選擇步行。不用花到 10 秒的時間，公里數與最快路徑全顯示出來。揹起背包，走吧。

　　這條路不太好走，路面不是鋪柏油，而是鋪石塊。車子走過，車輪磨擦出的噪音極為響亮，不懂為何路面不鋪柏油，而要鋪石塊？鄉間小路兩旁盡是玉米田，間或幾家看起來像是別墅的住家。仔細看這些住家，也真像別墅。要是在台灣，這可值多少錢呀！小路無風景可言，跟著地圖的指示走就是了。

走在葡萄牙之路上

9 點 20 分,太陽已經全露臉了,曬在身上,有點刺刺的感覺。走到一處小教堂,想在教堂前的階梯休息一下。教堂旁的小店,看似老闆狀的男子正在整理店前的露天桌椅。學長說,

💬 要不要進去喝杯咖啡?
　喝咖啡?
　對啊,裡面有賣咖啡,還可以吃早餐。
　(想了一下),好吧。

一進去店裡,裏頭已有好幾位女士,吃早餐、喝咖啡,聊著天。向在座的女士們點頭微笑,下了背包,走到櫃檯,點了兩杯咖啡和一塊甜點。坐在我背後的女士一直跟我們說著話,我可一句也聽不懂,只能微笑(或許是苦笑吧)以對。女士說了半天,學長猜出她的意思,應該是我們可以到櫃檯蓋印章。於是我們拿出朝聖護照,到櫃檯蓋了第一個印章。印章上有波紋(海洋)、扇貝殼和一隻海鳥,一行葡萄牙文寫著「Mindelo um caminho de liberdade」,譯成中文,應該是「明德盧自由之路」(不太確定)。原來這地方是明德盧,離孔德鎮不遠了。

(Caminho 為葡萄牙文,名詞,相當於英文的 path 或 way。Camino 為西班牙文和義大利文通用)

三、Metro or walking?

回到座位上,女士依舊熱情地對我們說個不停,我真的聽不懂她的隻字片語,只好擺出國際通用語言:微笑(加點頭)。咖啡下肚,解了饞;甜點一入口,大腦立即釋放出腦內啡和多巴胺,全身上下整個舒暢起來。兩杯咖啡加一塊甜點才 3 歐元,3 歐元就能換來愉快感,性價比真高!

走出小店,往前行,一眼瞧見路口一根木柱上的黃箭頭與扇貝殼,我們走在正確的道路上!木柱上的壓克力地圖告訴我們,直直走,就可以到孔迪鎮。這下子可以不用再查看手機的地圖,因為跟著黃箭頭,必可走到目的地。

有了黃箭頭,心情頓時輕鬆起來。不過,路面還是石塊鋪成的路,走起來不舒服,只好盡量靠路邊的泥土地,或者民家圍牆旁的人行道。葡萄牙人應該喜歡種植會盛開花朵的植物,不時有夾竹桃開著朵朵粉紅花,伸出牆外,真是「春色滿園關不住,一堆紅杏出牆頭」。

經過一處十字路口,看見兩位年輕朝聖者,拿著手機,討論該往何處走。原本想過去幫忙一下,想想自己第一天上路,能幫人家甚麼呢?

一座帶有古意的教堂尖塔從路的左邊冒出,走過去看看。小教堂大門深鎖,看看四周,原來是墓園區。

走在
葡萄牙之路上

　　繞過墓區大門，往裡一瞧，每個墳墓的造型不太一樣，有人正在清掃，有人正插上鮮花。歐洲的墓園通常都在住宅區附近，方便親友隨時前往探望。想起多年前的掃墓情景，必須一大早起床，跟老爸騎著摩托車到好多公里外的荒郊野外。抵達後，再費一番勁去尋找老祖宗到底「住」在哪。一年就那麼一次。

　　順著無聊的進城公路走著，瞥見對街路旁立著一支 Vila do Conde 的牌子，要進入市區了。迎面而來的藥局跑馬燈顯示攝氏 21 度，太陽卻曬得我們有如 30 度般地灼熱。21 度應該是樹蔭底下，微風吹拂的溫度。

　　走上橫跨亞威河（Rio Ave）的橋，望著橋下流往大西洋的河水，心中不禁舒坦起來。橋頭鐵柱上刻有一個帶著類似大富翁遊戲的房子造型，以及兩支黃箭頭。一支箭頭指向前直走，去公立阿爾貝給；另一支帶著扇貝殼的黃箭頭指向左，左轉才是去聖地牙哥的朝聖之路。

　　我們左轉，去了河畔公園，找張大樹底下有著遮蔭的長椅，放下背包，坐了下來，鬆鬆筋骨。吃根香蕉，雙眼隨意梭巡。背包客陸續從橋上走過，大多直行，甚少左轉入公園，看來多半是趕著要入住阿爾貝給的。橋下有一座公廁，真是佛心來著。從下 metro 到現在也有好幾個鐘頭了，這是我們見到的第一座公廁。

三、Metro or walking?

路上想上廁所怎麼辦？怎麼辦？要麼去咖啡店，喝杯咖啡，順便借用廁所；要麼找個隱密的所在，不然可真沒辦法。學長問，

Q 住宿的旅社離公園多遠？
　　拿起手機，點擊地圖，輸入旅社名字，頁面顯示100公尺。
　　走吧。

由於尚未到入住時間，且飢腸轆轆，我們就在旅社旁的餐廳用餐。學長點他的素食餐，我點了大蒜蝦（後來查單字，才知道是大蒜蝦）。這盤只有六隻蝦子的大蒜蝦，既不美味，也不新鮮，更不便宜，還不如去買個5歐元的土耳其烤肉餅（Kebab）。

辦理入住，上樓，打開背包，洗個舒服的熱水澡。一切妥當後，要做的第一件事就是去Tourismo（旅客中心）在朝聖護照上蓋章。旅客中心離旅社不遠，走個幾分鐘也就到了。由於明天要從海岸線的孔迪鎮走回中央線，路程超過30公里，問了中心女士有無公車可到Arcos。女士查了公車班次手冊，說有，3414和3415。但因放暑假，學生不上課，故班次少，最早班為7點15分，站牌離旅客中心約60公尺，在對街，不是中心這一邊。真是好消息，從孔迪鎮到Arcos這

走在葡萄牙之路上

段路大概 10 公里不到，搭一段車，應該也不是甚麼壞事吧？

（三天後，碰到一位曾去過阿里山看日出，來自德國柏林的年輕人，他說他從孔迪鎮走到 Arcos，再走到 Barcelos，共走了約 32 公里。）

明早出發的事有了著落，便去附近逛逛。下午 3 點，太陽大得不得了。走上矗立在小山丘上的教堂，遠眺大西洋，俯瞰蜿蜒的亞威河，以及一片紅瓦的平房。這裡少有高樓，地勢高一點的地方便可看得極遠。教堂沒有開放，依外型來看，像是仿羅馬式（或羅曼式）教堂。教堂邊立著一道高聳的城牆，依地勢向低處迤邐而去，該有百公尺長吧？

這道牆說是城牆，倒像是水道。說是水道，卻又不見可供水流的渠道。再者牆面鏤空，上頭圓拱，既不是水道，又非可禦敵的城牆，真不知它的古早作用為何？

下了小山丘，對街一排有著內院的房子，頭一間的牆上掛著熟悉的藍色招牌，上頭一個大大的扇貝殼，寫著 Pilgrim Menu 9€（朝聖餐 9 歐元），一盤飯菜+湯+飲料。趨近一看，九種不同的套餐，即便看不懂葡文、西文或英文，光看照片中的大雞腿、滷豬肉、披薩、

三、Metro or walking?

鮪魚、素餐等,就可讓飢腸轆轆的朝聖背包客哈拉子直流。我們的晚餐就在這裡解決,看了老闆娘端來的大盤子,我們頓時覺得自己的胃小了點。這一餐吃得我們倆心滿意足,不過這一盤朝聖餐,是整個旅程中唯一的一次體驗,之後就沒再享用過。

往回走時,人行道上三位年輕女孩正問一位路人,哪裡可以吃到素食?耳朵比較尖的我聽到後,不待路人開口,便說對面有朝聖者素食餐,9 歐元。年輕人滿心高興地道謝,一溜煙地過馬路去。這回可幫到人了吧。

明早要早起,旅社也沒附早餐,回去的路上,去了日後每天必去的超市(Supermercado),買水、可頌麵包和樂利包的巧克力牛奶充當明日早餐。

學長先回旅社休息。由於天候尚早,一個人沿著亞威河,往出海口走去。岸邊停泊著一艘工作人員正刷著油漆的海盜船和幾艘小艇,幾隻海鳥邊飛邊叫,嗯,一個小港口,就這樣。今日走了 25,142 步。

走在葡萄牙之路上

四、
Bus and walking

走在葡萄牙之路上

公車 7 點 15 分到站。揹著背包從旅社走到站牌，約需 10 分鐘，再加上 30 分鐘的漱洗、著裝和整理背包，預定 6 點 30 分起床。不過我們都比鬧鐘叫醒的起床時間還早一些睜開眼睛。

走到公車站牌，7 點 5 分，太陽微微露臉，空氣有些涼意。7 點 20 分，空蕩的街上聽不見有公車駛來的聲音。7 點 25 分，3415 來了，向它招手，上車，把地圖拿給司機看，食指指著 Arcos。司機說著我們聽不懂的葡萄牙語，粗壯的左手伸出車外，指著對街的站牌，意思是要我們去對面的站牌等。

對面？為了不想等錯邊，昨天回旅社前，還特別繞過來查看一下。問了路過的男子，他說就是這個站牌。不過，司機說對面就是對面，應該不會有誤（和昨日旅客中心的女士說法相同）。我們問車子甚麼時候會來，司機說 ten。我們趕緊下車，跑到對街站牌等候。

15 分鐘過去了，沒見到任何一部公車過來。又過去 5 分鐘，一部 3415 公車從右方駛來，停在我們先前等候的站牌，司機跟我們招招手。啥？又是他！我們只好又跑過去，上車。司機的葡萄牙語中夾雜著幾個英文單字，說的時候偶爾搖搖頭。他的意思大概是，會載我們到 Arcos 附近讓我們下車，我們再去咖啡店問路。好吧，也只能這樣。兩人付了 4 歐元，卻「霸佔」整部公車，因為一路上都沒有其他乘客再上車。

四、Bus and walking

公車行駛一段市區後，進入鄉間道路。路上車輛稀疏，兩旁不是農田，就是工廠，景色雖普通，卻沒有台灣慣常的擁擠不堪。

在一處 T 字路口，司機讓我們下車。說老實話，我們根本就不知道身處何方，既然司機要我們下車，我們只好下車。接下來呢？

沿著公路往下走，走到一處岔路，站在人行道上，說：「學長，我們沿著這條公路走，走進遠處的村子，再去找黃箭頭。」學長的雙眼似乎穿透我般，直看著背後的牆壁。他說：「黃箭頭不就在你的背後？」我立馬轉身一瞧，正方形藍色牌子，大大的黃箭頭和扇貝殼，底下三個字標明葡萄牙之路中央線（CAMINHO PORTOGUÊS CENTRAL）。這是奇遇、神蹟，還是背後不長眼睛？既然出現黃箭頭，跟著它準沒錯，放心上路吧！

這條路兩旁清一色都是玉米，只是長得比較矮，應該是不久前才播種的。路面又是鋪石塊，唉，只好沿著偶爾出現在道路邊緣的泥土上走。太陽已經有點高了，從右方斜照過來，把人影拉得老長。

走了半天沒碰著其他朝聖背包客，莫非我們走錯路？雖說我們搭公車，「領先」其他人好幾公里，可算

走在葡萄牙之路上

算時間，這時（8 點多）應該會有一些健腳客超我們的車才對呀。更何況路邊矮牆上，釘著鏽跡斑斑的鐵片，中間出現鏤空的扇貝殼和箭頭，箭頭指的是這條路啊！帶著一些狐疑的心，繼續往前走。

走完長得高矮胖瘦，毫釐不差的玉米田，路兩旁出現一些民家，接著一座有些黝黑，看起來結實粗獷的教堂出現在右側。一看這教堂的外貌，錯不了，一定是中世紀的羅曼式教堂。羅曼式教堂之所以結實粗獷，原因之一是防盜。這座外觀無法和德國科隆大教堂相比的羅曼式教堂（Igreja de São Pedro de Rates，亦稱為聖彼得教堂），上網查一下它的歷史，乖乖不得了，竟可以追溯到西元前一世紀，且有著和聖雅各相似的神蹟。簡單說，這座教堂乃蓋在發現拉蒂什之聖彼得（Saint Peter of Rates）的遺骸的地點，時間西元 9 世紀。

拉蒂什之聖彼得是何許人物呢？傳說是聖雅各派他到葡萄牙北部傳教，後來被羅馬人斬首。拉蒂什之聖彼得的遺骸先是供奉在這座教堂，16 世紀移到布拉加（Braga）主教座堂珍藏。

聖彼得教堂旁有一處旅客中心，裡頭可蓋印章，可惜要 9 點才開門，還有 20 多分鐘。不等了，走吧。這一走，害了，沒注意到旅客中心牆上那個藍色 i 的

四、Bus and walking

右下方，一塊不太顯眼且鏽跡斑斑的鐵片，上頭鏤空的箭頭指向右方。我們卻逕自往前行。

經過幾處民房，又是熟悉的玉米田。接著出現叉路，向左或向右？正在路口猶豫時，一部汽車駛來，坐在副駕駛座的年輕人伸出右手一比，我們馬上接收到向右轉的訊息。

右轉，依舊是玉米田。過了玉米田，出現幾隻假恐龍和一些遊樂設施。定睛一看，是一座冒險活動遊樂場。沿著遊樂場圍牆，緩步上坡，學長走得有些吃力。日頭大了起來，這路除了上坡之外還是上坡。接近坡頂時，學長從後方呼喊：

💬「老師，這條路不對啦！」
（不對，手機地圖標示這條路可到巴賽盧什，而且是最快的捷徑。）
「老師，剛剛有位貨車司機說，Camino 的路不是這條，要往下走，左轉才是 Camino 的路。」
（往下左轉？）我往下走。
「老師，那位司機把貨載進工廠，跑出來跟我說，我們走錯路了。這條路不是 Camino，而且這條路一路上都沒店家。」
（走錯路了？難怪一路上不見其他朝聖客的人影。）

走在
葡萄牙之路上

　　帶著不太情願的情緒（因為手機地圖顯示這條路的路程最短），往下走去。遇見叉路口，左轉 M504 公路。看一下指南書的地圖，沒錯，M504 才是前往巴賽盧什的朝聖之路。（晚上查看手機 Garmin App 紀錄的徒步地圖，發現因為往下左轉，我們可能多走了兩三公里。沒關係啦，吃苦當吃補！）

　　M504 真是一條很無趣的公路，走了快 5 公里的玉米田、玉米田，還是玉米田後，終於出現稀疏民家，一家的牆上畫著往前的黃箭頭。上坡轉一個彎，教堂和咖啡店（Café da Igreja）赫然出現在眼前。兩人趕緊走進咖啡店，學長說坐裡面吧。這麼好的天氣怎麼可以坐店裡面，當然是要坐在外頭，看過往雲煙啊！

　　兩人點了美式咖啡，坐在屋外的餐椅上。先喬好背包的角度，務必讓白色的扇貝殼顯示在背包正中間，再請店中客人幫我們拍張疲憊中帶著喜悅的合照。吃飽喝足，續往前行。

　　還是走在 M504 的路面上。到了費拉多（Ferrado）區，右轉小路接 N306，這條 N306 直抵巴賽盧什。小路銜接 N306 的地方，出現兩個相反方向的箭頭，黃箭頭與藍箭頭。朝聖之路上，所有的黃箭頭都指向一個方向，那藍箭頭呢？葡萄牙之路上的藍箭頭，指向

四、Bus and walking

波多,亦即從聖地牙哥走向(回)波多。聽說有人走完 800 公里的法國之路後,續往波多的方向前進。

走到一處岔路口,黃箭頭往右,這是要離開 N306 吧?看 N306 一路往下到遠方小山丘,往右轉的意思是要我們離開舒服的柏油路,走入鄉野泥土路嗎?

果不其然,數十公尺的柏油路之後,左轉入樹木成蔭的泥土路。轉彎處矗立一座朝聖路標,上頭清楚雕刻著聖地牙哥 206 公里。不拍上兩張和它的合照,真說不過去。

樹蔭下的泥土路走起來真舒服啊。只是好景不常,舒服之路也不長。百公尺後,又轉入日照一點都不寒酸的柏油路,再轉入 N306。為何方才不直接走 N306,偏要繞那麼一圈呢?或許這是聖雅各朝聖之路協會的用意吧,讓朝聖客多走一點「原始路」面,盡量少走「現代」的柏油路面。如此一繞,就解釋了為何官方版的葡萄牙之路的長度為 240 公里,而波多主教座堂那一個起(終)點路標上標示著 248 公里。

(從波多出發的葡萄牙之路的公里數,共有四種不同數字:朝聖者辦公室發給的完走證書上寫著 240 公里,波多主教座堂前的朝聖路標標示 248 公里,John Brierley 指南手冊上的里程數加總為 251.4 公里;最後

走在
葡萄牙之路上

一個是可在朝聖之路紀念品店買到的藍色貼布上的237.7公里。）

　　走 N306 也沒輕鬆到哪裡去！路旁的玉米田逐漸被看起來像別墅的房子取代，走在人行道上，無啥樂趣可言；更惱人的是那顆遠在不知多少萬里之外的大火球，正賣弄著迷人的風騷，使勁地表現出她獨特的熱情。這個時候，如果在柏油路面上打顆雞蛋，兩三分鐘後鐵定有荷包蛋可享用。

　　享受了兩個半鐘頭的日光浴後，我們終於快抵達巴賽盧什。站在路口等過馬路時，雙腿竟不自然地發抖，似乎快要站不住的樣子。怎麼搞的？馬拉松不知已跑過多少回，還從來沒有跑到雙腿發抖的，頂多就是鐵腿而已。

　　進城的道路正施工中，問了路人，沿著臨時便道還是可通往城裡。看見路旁一家餐飲店，馬上招呼走在後方的學長進店休息一下。我自己點了一份葡萄牙語叫做 pan 的圓麵包夾火腿和起士的三明治、一瓶檸檬汽水，外加一杯美式咖啡。學長嚐了檸檬汽水後，讚不絕口，之後每到餐廳都要來一瓶檸檬汽水。

　　兩人飽餐一頓，出了門，立馬看見對街餐廳大門上方遮陽棚印著斗大的「O Cantino do Peregrino」，朝

四、Bus and walking

聖客餐廳！門口四張美美的大照片，告訴你說這裡有豬排、大雞腿、沙拉等。窗戶玻璃貼有 12 種表達 Bom caminho 的黃顏色文字，最底下的中文寫著：好的路徑。好的路徑？

早知道對面就是朝聖客餐廳，說甚麼我們都會進去飽食一頓的。只是這時腹中的胃已不再空虛，多食無益啊。學長進去問有無素食餐，當然有啊。出來後說，晚餐就到這裡來。（我們的晚餐沒到這裡來，因為離民宿實在有點遠，不想再走路了啊！）

巴賽盧什的主城區位在卡瓦多河（Rio Cávado）北岸，要過行人橋時，注意到橋柱上的黃箭頭底下畫有白紅兩條橫線條，不知這是甚麼標誌。一路走來，似乎也曾見過白紅線條，且多和朝聖之路的藍色牌子一起出現。

一進城，自然先去旅客中心蓋章啊。一路尋找，費了一點勁。中心門口矗立一隻色彩鮮豔的大公雞，比我還高。蓋完章後，櫃台後的先生問我們打哪兒來，我說台灣。他喔了一聲說，最近來了很多台灣人。我笑了笑回說，目前台灣正流行走朝聖之路，當然也不忘加上葡萄牙風景很美之類的國際友善話語。

巴賽盧什好像被稱為公雞城，因為城裡到處可看見黑身、紅冠、黃喙，翅膀和雞尾裝飾以愛心、白紅

走在葡萄牙之路上

黃藍大小圓點的大公雞。紀念品店的櫥窗裏頭也站立著大大小小，色彩鮮艷的公雞，讓人看得目不暇給。

我們住的民宿離市中心不遠，應該是一般住家改建成的民宿。兩張單人床，衛浴與同層客人共用。一樓附有廚房，可自行炊煮。老闆介紹民宿設施時，指著廚房的水龍頭，「驕傲」地說，他們的水質是最好的，可以直接生飲。西葡兩國除了大城市外，一般都說水龍頭一打開，飲用水源源不絕而來。我們沒有西葡兩國人的鐵胃，所以還是以喝超市的包裝水居多。（包裝水很便宜，只是免不了會多個塑膠瓶，一路走下來，可能會有好幾個。）

由於明天的行程超過 30 公里，和學長商量後，決定搭段計程車。請民宿老闆幫我們連繫車行，約定明早 8 點出發。如此便有時間到隔壁的咖啡麵包店（7 點開門）享受難得的早餐。

晚餐沒去城外的朝聖客餐廳，手機地圖帶我們去了一家吃到飽的亞洲餐廳。12 歐元，外加一份飲料，只要放在食物櫃上的餐點，任君隨意吃到飽。我們當然沒有那麼大的胃，葷素各取所需。

飽餐一頓後，學長先回去旅社休息，我往市中心走去，想瀏覽一下這座小城的風景。公園綠帶有一座

四、Bus and walking

女朝聖客的銅雕像（Peregrina），腰間掛著一只葫蘆，小背包放在地上，背包上有兩支健行杖和一件捲起來的毯子。她的身上和小背包上掛有扇貝殼，可能常被路過的旅人摸的緣故吧，各自發出金色的光澤。（這種摸一把會帶來好運的迷思到處都有，以至於只有物體的特定部分會散發出與眾不同的色澤。布拉格查理大橋上的一尊石雕象如此，洛陽龍門石窟一尊大佛的腳亦如是。）

女朝聖客的雙手高舉，臉上表情卻有點可怖，好像說「X的，您祖媽不走了」，或者喊著「what are you doing, let's keep going」。看這雕像，不太像是後者，因為她的小背包是放在地上的。

她的過街對面，有一座消防員懷中抱著一位身上滿是灰塵，臉部驚恐，正哭泣著的小孩的銅像，銅像下方刻著「Ao Bombeiro Volluntario」。或許那位女朝聖客正瞧見消防員奮不顧身，從著火的房子內，救出小朋友而大聲喊叫吧。

續往公園綠帶前行，一座不太像教堂的教堂矗立在前方。這座呈六角形的教堂，看了說明後，才知道是一座巴洛克式的教堂。咱對歐洲的瑰麗藝術史所知有限，知道巴洛克式建築物長這樣，就夠了。

走在
葡萄牙之路上

　　順道往徒步區逛去。此刻晚上 8 點多，商店多半已關門，只剩餐廳燈火通明。一座露天爆米花電影院出現在眼前，四周以一公尺高的廣告柵欄圍起來。晚上 9 點鐘開演，免費進場。震耳欲聾的拉丁音樂從螢幕兩旁的大音箱傳來，場外一位阿桑隨著音樂節拍翩翩起舞，像似在跳卡門一般。她的兩位女伴坐在石椅上，一邊大笑一邊迎著節拍拍掌。其中一位心癢難耐，索性也跟著跳了起來。看她們手舞足蹈，擺動身軀，開懷大笑，真有拉丁民族的熱情。

　　今天一共走了約 19 公里，如果再加上搭乘公車那一段，那就將近 30 公里，或許超過 30 公里也說不定。今日的步數有 41,383 步。

五、
Taxi and walking

走在葡萄牙之路上

　　早餐店 7 點開門營業，6 點 50 分，我們已等在店外頭。不只我們，好幾位穿著工人裝的男子也在店外等候。沒有開門營業的跡象，只好在人行道上隨意踱步。

　　6 點 58 分，有輛麵包車駛近，停在早餐店前面。駕駛下車，打開後車門，捧出一籃子的麵包。店門開了，等候吃早餐的客人（包括我們）魚貫進入店裡。

　　兩杯咖啡、一個圓麵包夾火腿和起士、兩條巧克力，以及一條法國長棍麵包，總共 6 歐元有找。這樣的份量也可以是日中步行的一餐，或許還多了點。

　　學長想念檸檬汽水的味道，買了一瓶解饞；看另一位客人點的牛奶咖啡好像很不錯的樣子，也買一杯來嘗鮮。我買了一塊南瓜蛋糕嚐嚐口味。

　　不到 8 點鐘，計程車司機已在民宿外頭等候。揹起背包，把房門鑰匙插在門上，下樓，關上大門，坐上計程車，不再回頭。當然啦，我們坐一段路，再下車徒步，回頭做甚麼呢？

　　下車時，司機跟我們說，沿著路走即可。我們當然知道沿著路走，可是站在十字路口的我們，到底要沿著哪條路呢？看公路路標，看手機地圖，看指南書，不行，非要找到黃箭頭不可。

五、Taxi and walking

把指南書的地圖拿來和現況比一比,應先往北走,而朝聖之路在馬路的左側,所以再左轉。於是兩人沿馬路往北走不到 50 公尺,見有條岔路左轉進入社區。感覺走這條正在整修的小路有點久。其實也沒走多遠,只是因為沿路尋找熟悉的黃箭頭,再加上緩上坡的關係,才會覺得有久。

上了一個坡,右邊民家外牆上裝有水龍頭和洗手台。洗手台背板後頭貼著一塊被遮掩且退色兼破損的指示牌,第一個字寫著 Caminho。不必花腦筋猜,後面的字絕對是 de Santiago。鬆了一口氣,跟著箭頭走準沒錯。左邊來路上,傳來有人說話的聲音。幾秒鐘後,走來兩位背包客。跟他們打聲招呼,沒錯,就是這條路,走吧。

柏油鋪面的鄉間小路,處處可見民家栽種的各種開花植物。鮮黃的喇叭花,血紅的雞冠花,白色的夾竹桃花,在金黃色的陽光底下爭相綻放。忽然後頭傳來一陣咩咩叫聲,幾頭羊從身旁走過,接著是好幾頭,轉身一瞧,一大群羊在一位翹二郎腿的機車騎士驅使下,朝我們這邊走來,怕不有四五十隻吧!羊群自在地灑尿拉屎,絲毫不顧我們這些路人的眼光。羊群隊伍拉得老長,領頭羊把羊群帶得遠了些,以至於騎機車的現代牧羊人趕緊超前,下車,站在路中,一副一

走在葡萄牙之路上

夫當關的味道，嘴裡喊著我們聽不懂的聲音。（我們當然聽不懂，我們又不是羊！）

只見在牧羊人的吆喝聲下，羊群竟然聚集，轉頭朝我們走來，爭先恐後地鑽入路旁鐵絲網圍起來的小缺口。原來鐵絲網圍起來的區域才是放羊區。

左前方出現標示方向的朝聖路標，柱底鋪以水泥，猜想應該是不久前才新設的。因為它的旁邊有一塊退色的箭頭指示牌，寫著 Caminho de Santiago，底下以黃色油漆畫出一支指向左方的箭頭。而路標上的標示，上寫 Santiago，下為 Barcelos，中間寫著 Caminho Portugués de Santiago。

踏上泥土路，兩旁高矮不一的雜樹提供清涼的遮陰，泥土路才是朝聖客的福音啊！正慶幸走上幸福之路沒多久，泥土路卻換成柏油路，一小段之後竟又接上方才捨它而去的公路。哎呀，早知道這麼彎彎繞繞，半個鐘頭前直接沿著公路走不就得了！

路旁一支老舊的木質標示牌，上頭寫著 Caminhos de Santiago Barcelos 20Km。Caminho 加上一個 s，表示往聖地牙哥之路有好多條咯。這個木板製成的標示牌，箭頭部分上白下紅，箭尾紅框內刻著 GR11 E9。一查谷哥大神，哎呀我的老天鵝啊，E9 乃歐洲長途公

五、Taxi and walking

路（European long distance path）第 9 號，多長呢？從西班牙西南角的 Cabo de São Vicente，沿著大西洋岸，經過葡萄牙里斯本、法國 Pointe du Raz、荷蘭的 Hoek van Holland、德國漢堡和呂北克，一直到愛沙尼亞的 Narva-Joesu，全長 5,000 公里，共跨越 11 個國家。5,000 公里還不是最長的。歐洲共有 10 條長途公路，最長的為 E4，從葡萄牙到塞浦路斯共 10,000 公里。

GR11 係 E9 長途公路中可步行的步道，白紅兩色是它的標誌色，就如同藍黃為朝聖之路的標誌色一般。讀著相關網頁的介紹，我們長見識了。原來一路上看到的白紅標誌是 E9 的步道啊，解惑了，解惑了！一個 F 字，上白下紅，表示右轉；若 F 反過來，左轉。倘若只有上白下紅兩線條，表示 Right Way！原來我們沿著 E9 步道，走著我們的朝聖之路啊！

過了馬路，又是無盡的玉米田！9 點多的太陽可以曬魚乾了。路面鋪上柏油，雖有點坑坑巴巴，比石塊路好走多了。鄉間小路三轉四轉，轉進泥土路。細看泥土路面，各式各樣的鞋印，路過的朝聖客留下他們的足跡。如果啊，如果此時路面突然凍結，再覆蓋塵灰。千百年後，考古學家挖掘此處時，看到這鞋印雜踏的景象不知會做出何種解釋。

走在
葡萄牙之路上

　　順著泥土路走，路口轉彎處出現一家平價旅社設置的鐵桶，桶上立著三支木牌，分別寫著：Cathedral Santiago 171.3Km、Porto 73.3Km、Hostel。離目的地聖地牙哥只剩 171 公里了，繼續前行。

　　泥土路換成柏油路，柏油路很快的又換成石塊路。10 點，走得有點口乾舌燥，得要休息一下才是。依據地圖指示，前方應該有一間咖啡店才是啊！兩人站在路口看了半天。把店名 Café Viana 輸入手機的地圖裡，顯示出已經抵達。抵達個頭啦！前後左右看了看，就是沒看到它的招牌。無奈，只得沿著公路找去。

　　真不想說踏破鐵鞋無覓處，得來全不費工夫。其實這家店就在我們右側 20 公尺處，既沒招牌，店面也向內縮，以至於站在路口的我們沒有認它出來。

　　下了背包，進去店裡頭蓋章，買罐 Schweppes 檸檬汽水，跟老闆要了點冰塊。冰涼的汽水下肚，那一股通體感真有說不出的舒服。無意間瞧見店門口右邊寫著七種語言的 welcome。最底下的中文寫著「歡迎」，而不是「欢迎」，倒是令人有些意外。

　　隔壁桌的一男一女背包客，把他們穿著襪子的腳丫子，舒服地掛在空椅上，沒禮貌！繼續走吧。

五、Taxi and walking

　　橫過馬路（其實我們都在同一條馬路的左右側繞來繞去），踏上一段柏油路後，進入一條大小石頭散佈其間的泥土路。泥土路面雖不平整，卻比平整的石塊路好走多了。

　　走沒幾分鐘，又接上公路了。唉，還是那句（老）話，早知道就沿著公路走就好了。左看右看，確定兩方都沒來車，趕緊過馬路，走上整修過的泥土路。這條土路一路往下，兩邊高大的樹木遮擋越來越火熱的太陽，行走其間只有舒服兩字可形容。

　　路邊有座紀念朝聖者的石柱。鑲在石柱內滿臉鬍鬚的朝聖者像，右手持一根上頭掛著一只葫蘆的木杖，左手拿著一本翻開的書（聖經？），站在路邊，似乎正對著路過旅人傳道般。石柱前散落一些小石頭（據說放上一顆石頭會帶來好運），還有空的水瓶、襪子、照片、緞帶等等。有些朝聖客喜歡留下一點東西，自以為是紀念或祝福，其實卻是垃圾。走時不帶走一片雲彩，路過時（朝聖客應）不留下一點垃圾。

　　走完泥土路，換上石頭路，再換上柏油路，好像這三種路面換來換去的。路旁一些民家種植的花卉迎著正午驕陽兀自綻放著，我們卻想找個清涼的地方躲躲她的熱情。

走在葡萄牙之路上

　　前方路邊一棵大樹提供一片遮蔭，底下的大石頭可讓人稍歇。可是，看到樹底下各式各樣的紀念物，真讓人倒盡胃口。更「丟臉」的是，樹枝上掛著一條「台 X 市登山會」的黃色塑膠條。是怕同行者找不到路，還是為了證明到此一遊？人說「斯人已逝，空留餘音」，餘音總有消退的一天，可掛在樹枝上隨風擺盪的塑膠條，要到哪一天才會消失呢？

　　正午的太陽實在太火了，非得找個地方歇息一下不可。或許老天爺聽到我們心底的呼喚，一處民宅牆外設有三張涼椅，牆內蔓延出的樹枝正覆蓋在涼椅上，提供過往旅客歇歇腳，免遭陽光毒手。牆面還有座水龍頭，洗手、洗水果，洗一臉清涼。趁此休息，我們各自和家人視訊一番。休息夠了就得往前續行。

　　出了鄉間小路，進入一條叫做「聖地牙哥朝聖之路」的路（Rua do Caminho de Santiago），這條路直通今日的落腳城市蓬蒂迪利馬（Ponte de Lima）。這條路不能說它「又臭又長」，只能說單調無趣，門牌號碼好像從三百多號一路編到一千多號，幾乎是房子挨著房子。還好最後一段路是沿著利馬河邊的林蔭路，要不然可真會曬成乾也說不定。

　　林蔭路直抵河邊公園的中世紀拱橋，過橋後的公立阿爾貝給是今日這一段路的終點，也是明日路段的

五、Taxi and walking

起點。不過，我們沒去那座鼎鼎大名的拱橋，而是直奔 Lidl 超市。因為被太陽曬得口乾舌燥，再加上最後無趣的那一段路，再不去超市買冰涼飲料，可真是要跳進利馬河，來個大飲特飲不可。

喝完清涼飲料，也買了水，接下來當然先去旅客中心蓋章，再去今晚的民宿。旅客中心位在徒步區末端，利馬拱橋附近，不難找。蓋完章，一走出有冷氣的中心門口，哇，門外那種大辣辣的熱充分展現拉丁民族特有的熱情。

把背包放在徒步區的樹蔭下，去小吃攤買著名的葡萄牙吉拿棒（churros）。嗯，味道還算不錯，解解饞。就如同到里斯本葡式蛋塔創始店 Pastéis de Belém 吃蛋塔一樣，嗯，味道還不錯（有人說驚艷，驚艷？）。

民宿離旅客中心不算遠，但既是緩上坡，又是大太陽，再加上幾乎整條街都在整修路面，重新鋪上石塊，一路走來只有唉聲嘆氣而已。還好路再怎麼長，總有走到的那一刻。

今日走了 17.69 公里，共 37,343 步。

走在
葡萄牙之路上

六、
Simply, the best of "The Way"

走在葡萄牙之路上

　　走在樹林中，一眼看見水泥柱上一塊招牌，上頭寫著「Simply, the best of "The Way"」。這一句有著雙重含義的英文，其實是一家旅社（Hostel）的廣告詞。這家取名為 Bulwark 的旅社，自豪為「絕對的，這條路上最好的」。然而，魔鬼藏在細節中。這句簡單英文句中的這條路，其定冠詞（the）不僅大寫，而且還冠上引號。大寫加引號後，這條路所指的一躍成為舉世知名的聖雅各（或聖詹姆士）朝聖之路。2010 年馬丁辛主演的父承子志電影，正是以「The Way」為名，中文劇名直接翻譯成「朝聖之路」。這家旅社的勇氣比天高，自詡為絕對是朝聖之路上最好的旅社。

　　其實，這一句還有第三種意義深遠的含意。如果將 simply 名詞化，那麼它可解釋為 simplicity（簡單、單純）。如此一來，「Simply, the best of "The Way"」這句話馬上成為朝聖者耳熟能詳，且過來人諄諄教誨的名言：「簡單係朝聖之路上最好的」。

　　對走在朝聖之路上形形色色的背包客來說，這一個理解直指兩個層面：生理的和心理的。前者指的是生理，以及滿足生理需求的各種物質，換句話說，當我們走上朝聖之路時，我們要有甚麼樣的生理狀態，以及該攜帶哪些路途上需要的東西？在心理層面，我們該抱著甚麼樣的心情或心態走上這一條路？

六、Simply, the best of "The Way"

　　這兩個問號是有解的,答案就是簡單。朝聖之路上,甚麼是簡單?簡單就是背包裡裝的是最簡單的必需品,簡單就是有一顆開放的心靈。然而對初次踏上漫漫長路的背包客來說,簡單可不易拿捏。簡單如果簡單,媒體上也就不會出現專家教你「輕量化登山裝備」、「打包登山背包技巧」等實用妙招。但說到底,簡單還是要以個人的基本需求為出發點,再考量哪些是必需,哪些可留在家裡。

　　兩個人的徒步之旅走到第三天,前進到葡萄牙篷蒂迪利馬。依據計畫,這日該走 34.5 公里。我們沒有走那麼多,而是搭了一段車,再徒步約 18 公里。

　　這天天氣晴朗炎熱。走在玉米田旁的鄉間小路,風景雖然明媚,但頭頂上驕陽肆意地散發它的熱情。我的腳程較快,往往走在學長前頭。每到岔路口,會停下腳步,回頭看看學長有無跟上。隨著里程數增加,我的等待時間拉得越來越長。當學長的身影緩緩出現在路那頭時,我看到的是一個揹負過多東西,步履蹣跚的苦行僧。

　　走到離城一公里時,我指著路邊民房牆上的一塊牌子。學長問我:

走在葡萄牙之路上

💬「柑仔店到了嗎?」
「學長,看清楚,我們只剩一公里了。」學長笑了笑,說:
「沒水了,口很渴,要趕快買水。」

查了手機上的地圖,看見 Lidl(德國超市)在 2 公里外的地方。我說:「2 公里外有超市,我們走吧。」我快步前進,學長在後頭緩步跟隨。

買了水和飲料,兩人坐在超市門前的地上,大口喝著。豔陽下徒步 18 公里,一但坐在陰涼處,喝著冰鎮飲料,任誰都不會想要再起身的。但還要去旅客中心蓋個章,表示到此一遊,再去找今晚的落腳處。

從旅客中心到旅社不過只有 1 公里的路程,走在曬得皮膚發燙的太陽底下,1 公里就像 5 公里那麼遠,尤其又都是緩上坡。回頭看看走在後頭的學長,只能用「疲憊不堪」四字來形容。

晚上躺在床上聊天時,我堅定(強硬?)但不失懇切地(有嗎?)對學長說:「學長,您一定要捨棄一些身上帶的東西。您揹了一個大背包,前胸還掛著一個大黑袋,兩手握著健行杖。從早上一路走到中午,每每見您疲憊不堪。如果背包不減重,之後的路不僅

六、Simply, the best of "The Way"

更累,也有可能走不下去。要好好考慮,到底該丟棄哪些東西。」

學長聽了我的話,也說了幾句。

隔天一早要出發時,學長手提一個大塑膠袋,說要丟的東西全裝在裏頭。看了一眼那個大塑膠袋,沒問裏頭裝些甚麼。既然決定要處理掉,也就無需再問。

兩人下樓,在旅社餐廳用完簡單早餐後,出了旅社,路邊就有兩三個垃圾子車。打開蓋子,咚一聲,多餘的、累贅的、可能用不到的,全丟進垃圾子車裡。

此時,太陽方越過遠方山頭,散發出金黃色的陽光,兩人輕步走上利馬河上的中世紀石橋。橋上一座朝聖者的大頭石雕像祝福每一位前往聖地牙哥的朝聖者 Bom Caminho。金黃色晨曦照在這座矗立於橋上不知多少年月的朝聖者臉上,頓時給我一股非走到聖地牙哥不可的豪情壯志。我回頭喊:「學長,來這邊照一張相留念。」

手機鏡頭內的學長,掛在前胸的大黑袋已經收入背包內,背包看起來好像有小了一些,臉上露出笑容。我想應該是背包輕了一些吧!照了相,兩人循著黃箭頭,一路前行。

走在葡萄牙之路上

　　十天後在聖地牙哥旅社房間內，望著窗外夕陽照射下，散發金黃色光芒的主教座堂雙尖塔，兩人有著如下的對話：

🗨「學長，除了藥品之外，從桃園上飛機起到聖地牙哥，有哪一樣東西還沒拿出來用？」
「耳機。」
「如果這次沒用到，下次可免了。」
「老師，您呢？」
「一件薄長袖，還沒拿出來穿過。還有一雙健行杖，只用了兩三個鐘頭，不順手，收了起來。」
「老師，那一天您跟我說背包要減重，我認真聽，也接受老師的建議。我丟棄短褲、雨傘、T恤、藍白拖、英式轉接頭、三包泡麵等。」
「泡麵？為什麼要丟泡麵？泡麵吃一吃，背包自然就減重啦！」
「原本擔心路上素食不易，才帶泡麵，結果沿路還是有素食的，挺方便的。」

　　朝聖之路上的背包到底需要裝些甚麼？人生之路上的背包又要裝載哪些？「Simply, the best of "The Way"」已經給了我們一個答案，它未必是最好的，但一定不是最差的。

七、
Good Way

昨天晚餐吃些甚麼？

唉，別提了。讓手機地圖帶我們去一家葡式餐廳，兩人在豔陽餘暉下，循著手機地圖指示的路徑，東繞西繞，最後竟沒看到那家餐廳，而手機地圖卻說：「餐廳在您左邊。」真是見鬼了，左邊一排公寓，看不出有餐廳的樣子。苦笑兩聲，飢腸轆轆，只好去不遠處的大賣場。

這家大賣場真大，找到美食部。指著牆上大大的素食餐照片，說來一份，小哥說賣完了。

Q 賣完了？哪裡還可買到素食餐？
到賣場裡頭找找。

兩人尋到熟食部，先在冷藏櫃挑了三盒沙拉，再到櫃台前等著買白飯和炒飯（真的是炒飯！）。左等右等，櫃台後的小哥硬是沒理我們，直到一位女士提醒他，他才跟我們說了一堆聽不懂的葡萄牙語。一旁的女士笑著對我們說，要先抽號碼牌。等牆上電子顯示器出現手中的號碼時，就輪到了。喔，原來如此。

手上提著一大袋，買了沙拉、白飯、炒飯、巧克力、水果和飲料。走出賣場大門，沿著來路走回旅社。突然一塊有點熟悉的招牌出現在眼前，那不就是方才要去的那家餐廳嗎？它怎麼會在這一側，而不是手機

地圖顯示的另外一側？手機地圖呼攏我們？趨前一看，7 點開始營業。手上已經提了一大袋食物，算它賺不到我們的歐元吧。

昨天的晚餐就是沙拉加炒飯，學長是沙拉加白米飯。旅社附有廚房，裡頭鍋碗瓢盆、微波爐等器具一應俱全。微波加熱一下就可大口吃飯，大口吃菜了。

今日里程只有 18.6 公里，算是上路 5 日來最短的。

蓬蒂迪利馬的路段起點為過橋後，門牌號碼 120 的公立阿爾貝給。出了阿爾貝給，右轉，即走向下一個目的地。

橫跨利馬河兩岸的這座橋，從它的古樸石磊造型，大概可以推斷出年代久遠。到底有多久遠？這座橋的名字叫做 Ponte Romano-Gótica，光看到 Romano，就會讓人肅然起敬。羅馬帝國耶！Gótica，中世紀的哥特式建築風格。仔細算一算，這座橋總共有 14 座橋拱。可以這麼說，從右岸橋頭（也就是旅客中心的對岸）起，到第 9 個橋拱屬中世紀的建築，之後到市區這邊則是羅馬時代所建造的橋。據考證，羅馬時代建造這座橋，應和帝國構築的軍事運輸道路有關。羅馬時代為拓展和鞏固邊疆，大力建造軍事用途的道路，以運送軍隊和物資。這也說明為甚麼走在這段路上，偶爾

走在葡萄牙之路上

會看到 Via Romano XIX（羅馬第 19 號公路）的石頭標示牌。原因只有一個，這段朝聖之路乃沿著羅馬時代開鑿的第 19 號公路。由於時代久遠，物換星移，自然不會完全一模一樣。不過至少我們正走在 2000 年前的道路上。光是這一點，足以增添朝聖之旅的一些思古之幽情，儘管這個古與我們的古長得不一樣。

（聖雅各朝聖之路為歐洲理事會認證通過的首條歐洲文化之路。2005 年歐洲理事會通過認證「統治者之路－Via Regia」為第 13 條歐洲文化之路。統治者之路從聖地牙哥，經巴黎到烏克蘭基輔，全長 4,500 公里，多數路段都與羅馬時代建築的運輸道路有關。）

走完羅馬－哥特石拱橋，過了阿爾貝給，右轉，正式揭開今日徒步的序幕。正當要右轉時，瞥見左邊牆上釘著一長串的木牌，每個木牌末端皆畫有一面國旗，前端則寫著該國官方語言的 Bom Caminho。從上往下，第一面國旗畫的是葡萄牙，其次法國、德國（Guten Weg）、義大利（Bom Camino）、比利時等。最底下的是中國的五星旗，中文寫著「好路」。「好路」？依淺見，譯成「旅途平安」、「一路平安」較妥。如果只能兩個字，那麼「順風」優於「好路」。

這條「好路」走起來還真是好，先是僅容一人行走的泥土路，再來是可容車行的泥土路。我走在前，學長走在後。不久後方傳來男女的對話聲，男聲當然

七、Good Way

是學長發出,女聲呢?會不會是剛才要過橋前看見的那位亞洲女性?

兩人的交談話語陸續傳入耳裡。真是難得,竟在他鄉聽見鄉音,自5號上路以來的第一個鄉音!學長從後頭趕上,說老師幫您介紹一下。我說,不必了,路上就只有我們三個人,我的背後有長耳朵。

泥土路接上鄉間柏油路,兩旁已不再是玉米田,而是葡萄園。長型木架上的雜亂蔓藤裡,一串串葡萄結實累累,但果粒並不大,看起來不像是要賣的。走一段柏油路,又換成泥土路。約兩個小時後,看見第一家店 Noah's Ark Caminho,老闆剛好要開門。隔著柵門,問他可否煮兩杯咖啡。老闆笑著回答說,當然可以。

走進店前院,四處瞧了瞧。原來是一處沿溪畔築起的店,可供露營、戲水和餐飲。老闆的兒子取名為 Noah,約兩歲大,一雙大眼睛盯著我們不放。

我們坐下後,陸續來了好幾位朝聖客,聽他們說的語言,應該都是葡萄牙人。(寫這篇文章,查看當時拍的照片,赫然發在場有兩位葡萄牙人當天將與我們住同一民宿。)

走在葡萄牙之路上

　　圍牆外傳來熟悉的鄉音，正與某人交談著。過去看了一下，原來是先前那位「台灣女聲」，趕緊邀她一起來喝杯咖啡。女生的腳力好，一路從波多走過來。原本預計在 Rubiães 住宿過夜，因其他隊友的腳力更佳，想要往前多走好幾公里，是以她在店外和路過的朝聖客商量合適的住宿地點。

　　幾個人一起來，分開走，再集合。這方法聽起來挺不錯的，是個好方法（a Good Way！）。

　　出了諾亞方舟，泥土路拐進 A3 高速公路底下，拐了兩回後，又與 EN-306 公路交會。走出 EN-306 便進入今日最大的挑戰路線，也是這幾日來最難走的路。

　　在進入難行的路之前，先來一段只有上坡，沒有其他的石塊路。走在石塊路上，原本就沒甚麼樂趣可言，如果又是上坡又是豔陽，雖不至於哭天搶地，但至少心情美不了。石塊路有兩段，原來它們是蜿蜒公路的捷徑，或許走公路會比較好些。然而，朝聖客一般都是跟著黃箭頭走，除非識途老馬。

　　石塊路末端接上公路，對面有一座看起來像公車招呼站的亭子，有屋頂遮陰，有長石椅供坐下歇歇腿。學長慢慢從石塊路走上來，招呼他到石椅上歇息片刻。此時有兩位亞洲女子，腳步輕快地從對面石塊路走過

七、Good Way

來，繼續往鄉間小路走去。我喊了一聲，說不是那條路。其中一位傳來輕快悅耳的聲音：「I know」。「I know」？知道不是那條路還往前直走？

（後來才知道，原來她們走的鄉間小路，最後接上黃箭頭的泥土路，而且小路路平又不長。不確定她們是怎麼知道的，很有識途老馬的味道。）

難走的路約 2 公里長，一路從標高 120 公尺上升到 405 公尺。不算寬的路上散佈著成堆的大小石頭，簡直看不到泥土路面。一直往上延伸的路盡是參差堆疊的石頭，間或突出的樹根參雜其中，一不注意落腳處，拐了腳或重心不穩而撲倒是有可能的。看來只能步步為營，一步一步慢慢往上走。

（後來學長說這段路可稱之為大魔王。沒有實際嚐過李白筆下的蜀道難，但從他的文字來看，這段路與之相比，走起來簡直輕鬆寫意。但有一點或許是相同的：一夫當關，萬夫莫開。這段路的狹窄處僅容一人通行。）

這條路說是難走，卻是幾日來最為幽靜的路。站在樹蔭下，前頭無人，後頭也無人。放眼四周，只有你一個人站在樹下，聽風的聲音。既無車喧，也無鳥鳴。當然山中寧靜只得片刻享有，不久，即有粗重的呼吸聲傳來。

走在葡萄牙之路上

　　路再怎麼長，路上堆疊的石頭再怎麼多，只要不停下腳步，終有抵達頂峰的時刻。抵達最高處時，還來不及舒緩一口氣，馬上就是個陡下坡。剛要起步，後面殺來兩部登山車，一路狂飆下山。心想這種陡坡，走路稍不注意都有可能滑倒，以衝鋒之姿騎下山，真是神勇。

（依據規定，騎自行車朝聖者，其最短距離必須達200公里，約從 Barcelos 起。這一條滿是石頭的登山路徑，他們是怎麼騎上去的？其實徒步者走這條崎嶇不平的石頭路，而騎自行車走的是平坦的環山路。朝聖客當然也可以走環山路，只不過環山路來得比直達峰頂的陡坡要多出那麼一些距離，且自行車根本就上不了石頭路，除非騎士扛著車走。）

　　下坡路旁不見黃箭頭，倒是有心人士在路上以樹枝或石塊，製作出兩個指著下山方向的箭頭。其實下山的路只有一條，是不會走錯的。

（不過，學長沒看到峰頂路邊的黃箭頭，該右轉沒轉，而是直走。直到路旁工作的一位大嬸大聲喊著 Camino，手比比另一個方向，才知道走錯路了。）

　　下到坡底，當泥土路轉成柏油路時，就知道快要接近有人居住的地區了。一旦出現一兩間民房，依據

七、Good Way

前幾日的經驗，接著會看到一些住家，最後就進入市區。只是這一處似乎不太一樣，過了兩三間民家後，又進入一片有點荒蕪的農地。

中午 12 點 55 分，太陽真的是辣得可以。躲在路旁一株大樹下乘涼，等學長到來，再一起去民宿。

坐在樹蔭下一道矮牆上啃蘋果時（已經揹它三天了），一個老外笑嘻嘻地向我走來，嘴巴吐出一句日語。啥，日語？我馬上說我不是日本人，台灣來的。老外聽了高興得不得了，他說他去過阿里山，看過日出，風景是那麼的美。但是，正當欣賞青翠山巒時，來了一群台灣遊客，導遊身上掛著一個擴音器，正賣力地介紹當地的景致。這一幕讓他受不了。我說，換作是我，我也會受不了。

老外說他是柏林來的，聽到他說著「鄉音」，我立馬回以「鄉音」。真暢快啊！這位柏林人說他一路從波多走過來，昨天最後幾公里簡直受罪，沿路都是民房，無風景可言。我說，是啊，而且太陽很大，渴得很，我們拖著疲憊的腳步，直衝 Lidl，買飲料解渴。柏林人笑了一下，兩人互道 Bom Camino！

等了好一會兒，才見學長慢慢從石塊路的那一頭走過來。學長說他走錯路，方才見到販賣蔬菜水果的

走在葡萄牙之路上

小發財車，又買了一點水果果腹。今天的路的確不太好走，難怪學長看起來有點疲憊。

我們訂的 Constantino 民宿在 N201 公路旁，不在 Rubiães 市區。（我高度懷疑這裡有市區。）大太陽底下，幾乎花快 40 分鐘才抵達距離不到 2 公里遠的民宿。這裡的熱，簡直可以融化路面上的柏油。

都下午 3 點了，老闆還沒來開門！管他的，敲門再說。一會兒，一位葡萄牙男子打開門，讓我們進屋去。費了一番折騰才知道他不是老闆，只是一名先住進來的朝聖客（也就是早上同在諾亞方舟休息的背包客之一）。我們請他代為聯繫老闆，才總算把房事搞定。

洗了舒服的熱水澡，順手把換下來的衣物也洗了，往陽台的曬衣繩一放，夾上自帶的曬衣夾，襪子就丟在陽台滾燙的地板上，讓炙熱的陽光把它們烤乾吧。

身心舒暢了，肚子咕咕叫了起來。本想去 2 公里外的餐廳用餐，問一下老闆，老闆說他自己有家賣簡餐的咖啡店。啥？自己有家咖啡店，對，沒聽錯，而且店的名字也取為 Constantino。走路去有點遠（約 2.3 公里），我們就搭老闆娘的車去了他家開的店。店緊挨著馬路，門前大大的停車場，來往旅客確實可在這裡用餐休息。

七、Good Way

　　店裡沒有菜單，無非是薯條、漢堡、炸豬排之類的快餐。老闆的媽媽為我們料理兩大盤的食物。一盤沙拉，一盤米飯、薯條、荷包蛋和炸豬排（學長吃素），外加兩個圓麵包。這一餐吃下來，比白天走的路還要難受，真是飽得不得了。

　　超市（Supermercado）離餐廳不到 100 公尺，買了水和巧克力，出店門口，望著上坡路興嘆。雖說到旅社只有 2.2 公里，但今天已在豔陽下走了 18 公里，且此刻太陽餘威仍在，曬得皮膚刺痛，還要再走個 2.2 公里，只能唉聲嘆氣。

　　兩位西方男子坐在民宿門口涼椅喝啤酒，過去打聲招呼，他們說來自義大利。一聽對方是義大利人，馬上說我知道兩位義大利人：Roberto Baggio（義大利足球巨星）和 Gianna Nanini（義大利女歌手，1990 年和 Edoardo Benato 合唱義大利世足賽主題曲 Un'estate italiana）。這兩位義大利人當然知道 Roberto Baggio 和 Gianna Nanini，但笑笑說，1990 年還小，沒知道那麼多。走在朝聖之路上會遇見來自其他國家的朝聖客，如果能談點他們國家的事，也說說自己家鄉的事，有來有往才是交流之道。

（在路上遇過一位義大利人，一知道我來自台灣後，說他很關心台灣的情勢，問台灣安全嗎？我說，台灣很安全，We prepare for the worst and hope for the best.）

走在葡萄牙之路上

或許是今日大小石頭路的關係，學長說他想多休息一下，明天晚點出發，搭段車到中途與我會合。我們請老闆打電話聯絡車行，明早 8 點從民宿出發。

晾在陽台曬衣繩上的換洗衣物很快就乾了，丟在陽台地板上的襪子也乾得差不多了，葡萄牙太陽的威力真不可小覷。

今日走了 18.81 公里，共 35,500 步。

八、
Via Romana XIX

走在葡萄牙之路上

同事在 Line 上寫著：

「據說走路過程的某個時刻會受到上帝的啟發，到達目的地後整個人就豁然開朗了。現在沒感覺是還在腳麻階段。」

雖然不會有甚麼期待，走路時偶爾會想到，有沒有哪一刻突然腦袋靈光了，或對人生有新的詮釋了，或者腦海閃過一組數字？

很可惜，沒甚麼感覺。這幾日的規律生活就是走路、走路，還是走路，其他的生理和肢體活動，進食、休息、洗澡、睡覺等，都是為了走路。走路，為的又是甚麼？遠古人類走路是為了尋找食物，追逐獵物（所以人乃是長跑耐力型的動物！）。中世紀的人們走上這一條路，要嘛贖罪或救贖、要嘛祈福或還願，要嘛法庭處罰罪犯去徒步朝聖。如果自己走不了，以兩頭牛的代價委託職業朝聖客替代你去，這也可以。中世紀的人們才不會像現代人般，吃飽閒閒，出門走路去。

自己為什麼走上這一條路，說不出個所以然來，就像是為什麼要去跑累人的馬拉松一樣，是要享受過程中的痛苦，抑或終點線後的滿足喜悅？還是想要結交只會慫恿你每週連馬的馬場「損友」？還是只是要在規律的生活裡，做些有點瘋狂的事？

八、Via Romana XIX

今天第五天,早早起床,早早出發。一人獨行,半路上再與學長會合。清晨 6 點 30 分步出民宿大門,天光已現,但太陽還躲在山後,尚未露臉,如同人未到,聲先至一般。

出了門,沿著公路往老闆家的咖啡店方向走去,邊走邊注意路旁或電線桿上有無黃色箭頭。走不到 50 公尺,一支指著前行的黃箭頭就窩在電線桿的凹槽裡。順著公路走,前方有兩位揹著背包的早起鳥兒,就是這一條路,錯不了的。

走沒幾步,黃箭頭指向右側小徑,跟著走。走過一家阿爾貝給,黃箭頭指向左側,又走回公路。過了幾分鐘,黃箭頭指向左側下切的小路,仔細看一下旁邊的說明牌,原來是會經過一座羅馬時代建造的石橋。這座橋也真不起眼,跨過一道小溪,只有兩個小小橋拱,橋長度 10 公尺不到。可是不要小看這座羅馬石橋,或許它是兩千年前羅馬第 19 號公路(Via Romano XIX)的要道呢?

由這幾日走路的經驗得知,從公路轉進路旁小路,最後還是會轉回公路。今早也不例外,看看地圖,是在 N201 公路的左右側轉來繞去。左轉看羅馬石橋,右轉還是看羅馬橋,莫非羅馬人遠征至此地,逢山開路,遇水搭橋?

走在葡萄牙之路上

  Rubiãs 為葡萄牙小鄉村，人口不過數百而已。北方不遠處有條庫拉河（Rio Coura），羅馬橋下的小溪應該都是庫拉河的支流。

  沿著小溪，走在溪旁的步道上，涼風吹拂，望著緩慢流淌的清澈溪水，走路的心情甚是舒暢。溪旁步道轉入林間柏油小路，沒有往來車輛，只有雙腳踩地的聲音，這也可以很舒服的。

  走了四、五公里後，先是看見右邊的咖啡店（Café Castro），店名讓我想起古巴那位演講可達 7 個小時的強人卡斯楚（Fidel Alejandro Castro Ruz）。路的左邊是一處圍牆圍繞的教堂區。這類的教堂在葡萄牙處處可見，有時在郊區，有時就緊挨著民房。圍牆內安息著已逝去的人們，有的是只有一塊墓碑，有的是一座座的龕，有的是一座座僅可容下一座棺木的墳墓。

  咖啡店裡已有好幾位早起的鳥兒喝著咖啡，滑著手機，或者查看朝聖之路指南之類的手冊。我沒有停下腳步，繼續前行。

  一直走在 N201 公路的左側，由於位處丘陵地區，當要轉入 N201 的右側時，前方出現一座鋼筋結構，外層以木板包膜的陸橋，公路已在坡下。路橋的入口幾個大字刻印在木板路面上：Caminho de Santiago via XIX。

八、Via Romana XIX

　　過橋後，路變成陡下坡的泥土路。正當步步為營，安穩下坡時，背後兩位女生以輕快的腳步，走下坡去。不，看起來像是用跳的。聽她們交談的語言，韓國人無誤。

　　泥土路變成柏油路，前方出現民房，從錯落有致的民房往遠處望去，遠方山巒和散落平原的聚落一覽無遺。這裡的房子堪稱是陽金公路旁的豪宅。過了「豪宅區」，見一男一女坐在路旁矮牆下，女生滑著手機，男生右腳脫去鞋襪，看上去一臉愁眉苦臉的樣子。我趨前一看，原來是右腳拇指因摩擦關係，顯得破皮腫脹。我不是外科醫師，無法給人對症下藥，但提供繃帶、OK 繃倒是行有餘力。我囑咐他一定要去藥局尋求協助，否則若遭受感染，後果會有些嚴重。

　　兩位年輕人來自丹麥，男的 23 歲，女生 20 歲的樣子，我要他們猜我的歲數。從他們給出的第一個答案開始，我一直說 more，more。看他們倆一幅不可置信的樣子，倒也好玩。亞洲人的年紀本就難猜，其實西方人的年紀也難猜。猜的時候，無妨往下減，這類的答案賓主盡歡。

　　走到 Fontura，據說這一路段是最漂亮的。我停下腳步（已走了 7.8 公里），不是因為據說的漂亮路段，而是路旁的綠地裡矗立著一支扇貝殼路標（見本書封

走在葡萄牙之路上

面），指向右方的黃箭頭底下，一塊鐵牌刻著 132.55 公里，指向左方的藍箭頭，底下的鐵牌寫著 368.24 公里。兩個數字相加為 500.79 公里。右方那頭指向聖地牙哥，左方藍箭頭又指向哪裡呢？若是波多，也不過百多公里；若是里斯本，那可就得超過 500 公里了。所以不知道藍箭頭的 368.24 公里究竟指向何處。

綠地中間有一座高聳的十字架柱，趨前一看，1640，有些年代了。綠地後方白牆圍起的區域，看起來也是一處附近鄉民的先人安眠之所在。

有教堂，必有咖啡店。進去點了一杯美式咖啡，坐在店前屋簷下的戶外座椅，看著過往的背包客。一個、兩個、一個⋯，一杯咖啡的時間（其實也就三口不到），有七、八位朝聖背包客打從眼前走過。

解了咖啡因饞，繼續上路。後方來了三位腳步輕快的女子，當她們從身旁走過時，我的耳朵馬上熟悉了起來，是德語！當然不會放過路上說德語的任何機會，馬上打招呼，說 Hallo，開始一場自我介紹。三個德國人中，一位來自拜楊邦，一位下薩克森邦，另一位沒說。沒關係，路上偶見，想說就說，不想說就微笑繼續走。

不久後，後頭來了兩位高大的男子（至少比我高出一個頭），原來是昨天同住 Constantino 的義大利人。

八、Via Romana XIX

我們一起看著一家民營阿爾貝給（Quinta Estrada Romana）在路邊設置的公里數標示牌，波多 135 公里、科隆 1,910 公里、里斯本 477 公里、米蘭 1,838 公里等。我沒看到任何亞洲城市的名字，那兩位義大利帥哥說也沒看到羅馬。有時，若沒看到與自己家鄉有關的，會有悵然若失之感。

（這讓我想起前數日在波多一家純素餐廳用餐一幕。結完帳後，廚房助手剛好出來，與我們打聲招呼，很高興地問我們是不是從亞洲來的。我們說從台灣來，他說他從南亞來，在這家餐廳很少見到亞洲人。看他一臉高興的樣子，讓我對他鄉遇故知有了新的想法。）

路旁公里數標示牌中有一塊牌子指向今日落腳的所在，西班牙邊界城市圖伊（Tui），只剩 11 公里。其實走到這裡也才早上 9 點 50 分，距 6 點半出發，只過去 3 個鐘頭多一點而已。

終於離開相伴左右的 N201 公路，走入一條也叫做 Caminho de Santiago 的路。這個路名在前兩日去 Ponte de Lima 時也曾出現過，不知朝聖之路所走的鄉間小路的路名是不是都取名為 Rua Caminho de Santiago？

在地圖上，這一條路以綠點標示，表示它是一條泥土路，而非一般的柏油路。走在泥土路上蠻舒服的，但若是下坡且路面滿是小碎石，那可就要當心。走下

走在
葡萄牙之路上

坡時，見一位女子坐在地上，旁邊站著一男一女。走近一看，站著的兩人是先前坐在矮牆上的丹麥人，坐在地上的少女，似乎是滑倒（穿涼鞋，難怪），右腳小腿多處擦傷。丹麥女孩拿了一瓶清洗傷口的生理食鹽水給她，我從腰包拿出面速力達母，說可以塗抹在傷口上。當要遞給少女時，她卻猶豫一下，不知是否該接受我的好意。丹麥男孩看她一幅疑惑的樣子，從我手中拿去面速力達母，瞧了一下，說：「他說的話，我都相信。」少女才接過藥膏，往小腿傷口處塗抹。

　　離去時，順手拍了一張他們三人的照片，同時咀嚼著丹麥男孩說的那句話：「他說的話，我都相信。」稍早之前，我拿繃帶和 OK 繃給他，現在拿面速力達母給另一位，所以我的作為在他的眼裡看來，是可以相信的，因為他才經歷過類似場景？

　　出了泥土路，又回到 Rua Caminho de Santiago，走一大段再接上 N13 公路。N13 公路直抵葡萄牙的邊界城市瓦倫薩（Valença），過米尼奧河（Rio Minho）就是西班牙的圖伊了。不過朝聖之路是不會要朝聖者走直達公路的，所以黃箭頭會要你左轉進小路。

　　小路前方樹下有個小攤子，一張露營桌子上頭放著水、咖啡壺、香蕉、蛋糕等，桌旁貼著一張紙，幾個不同顏色的字寫著：DONATION STUDIES CAKE

八、Via Romana XIX

FRUIT COFFEE STAMP。這條路上少有小販，若有，我也不會停下來買東西。但看到 Stamp（可蓋章），立馬上前詢問。顧攤子的小帥哥（高中生）笑著說可以蓋章。瞧瞧桌上的香蕉色澤鮮豔，黃得好看，問他怎麼賣？小帥哥說自由樂捐。啥，自由樂捐？於是我把錢包裡的零錢全數倒進小豬公的肚子裡，拿了一根香蕉和一顆蘋果。

繼續往前行時，邊走邊吃香蕉。靠，那根香蕉真的非常好吃，沒有任何青澀或者過熟的味道。台灣的香蕉也很好吃，但吃的時機要抓對，不然不是帶有青澀味，就是過熟的腐爛味。

（學長約早我 10 分鐘離開小攤子，他喝了一杯咖啡，並和小帥哥聊天。得知小帥哥擺攤是為了籌學費，為鼓勵努力勤奮的青少年，捐了 10 歐元。）

手上的手錶顯示中午將近 11 點，該休息一下了。看見路邊一家小倉庫大門緊閉，門前可遮蔭，便卸下背包，坐在地上休息。拿出手機隨意滑了起來，突然看見學長上傳在群組的小攤子照片，時間：10 分鐘前。趕緊揹起背包，往前走去。走不到一分鐘的時間，就看見學長在前方幾十公尺處慢行。我加快腳步追上去，這一追，渾沒注意指向左方的黃箭頭。走在前方的學長，應該左轉沒左轉；追在後頭的我，看學長在前方，所以也

走在葡萄牙之路上

跟著往前。追上後,兩人像久別重逢般,心情頗為愉悅。只是走著,走著,感覺(真的是感覺)我們走錯路了,因為我們正走在 N13 公路上。拿出地圖,對照一下,朝聖客的朝聖之路應該在左側,而不是這條 N13 公路。Valença 就在前方 2 公里處,要不要往左呢?考慮了幾秒鐘後,決定就沿著「直達公路」走吧。

「直達公路」是設計給車走的,兩腳動物只能走人行道。幸好葡萄牙的人行道上沒有擺放一堆雜物,也沒有亂停的機車,走起來還算可以。手指著地圖上的旅客中心,問了路人甲。路人甲不會說英語,找來坐在一旁喝咖啡的路人乙。路人乙指著前方,說往前走就可看到。

邁步前往旅客中心時,兩眼只注意前方的路標,沒注意腳底下人行道和路面的高低落差,以致右腳踏上公路時,差點跌個狗吃屎。幸好平日有在運動,身手仍算矯健,蹦了幾步後,還可以直起腰來。倒是迎面而來的觀光客,各個睜大眼睛瞧我,不知是讚嘆我的身手俐落,還是驚訝這麼平整的路竟然會走到跌倒?

旅客中心位在大名鼎鼎的堡壘裡,一入堡壘大門的右手邊即是。進入中心裡頭吹冷氣,蓋到此一遊的章。櫃台後方的服務人員問我們從哪裡來,回答:台灣。對方說,近來遇見很多台灣人走朝聖之路。

八、Via Romana XIX

（在 Barcelos 的旅客中心蓋章時，職員也說過類似的話。我們說，到葡萄牙旅遊的台灣人越來越多，是因為幾百年前，你們去台灣，今天換我們來到葡萄牙。）

想上個廁所，小小的牌子寫著不對外開放。出了旅客中心，參觀一下堡壘吧。這座混和哥特式和巴洛克式建築的堡壘，抵禦過來自北方西班牙人的入侵，也抵禦過來自南方摩爾人的武力進逼，19 世紀時也與法國部隊對壘過。百年來的戰火讓它毀了又建，建了又毀，直到拿破崙戰爭後，堡壘才免於戰火之災，維持至今。當然，今日的堡壘早已不用再抵禦任何敵人，因為摩爾人早在數百年前就被驅逐出伊比利半島，西班牙和法國也不再對葡萄牙土地有任何覬覦的野心。沒有敵人的國家還需要堡壘防範他人的入侵嗎？

站在堡壘牆上，放眼所及，一片綠意中點綴著紅瓦聚落。米尼奧河像一條藍玉帶般從東北往西南流去，注入 25 公里外的大西洋。河的對岸即是西班牙圖伊市，那高聳的尖塔乃是混和羅曼式與哥特式建築風格的聖瑪利亞主教座堂。

走下堡壘，循著黃箭頭，步入徒步街。徒步街不寬，兩旁的商家販賣五顏六色的毛巾、絲巾、浴巾、踩腳墊、地毯，各種衣服，以及文創紀念品。街旁巷弄裡，擺放著中世紀的投擲機、木製運輸車（看那造型，我猜），也有一座羅曼式的古樸教堂。

走在葡萄牙之路上

出了徒步街，接上 N13 公路，前方出現一座橫跨米尼奧河的鐵橋。這座橋連接葡西兩國，上走火車，下行汽車，人行道位於兩側。鐵橋建於 1878 年，名為瓦倫薩國際橋（西班牙稱為圖伊國際橋）。其實自兩國加入歐洲聯盟，再加上日後的歐元和申根公約，兩國的國界已不成國界。

國際橋中段有一條與米尼奧河同方向的國界黃線，右邊寫著 PT 瓦倫薩，左邊 SP 圖伊。右腳站右邊，左腳站左邊，如此一來，腳踏兩國。有甚麼異樣的感覺嗎？沒有，因為兩邊長得一模一樣，只有兩點不同：語言和時間。因時區的關係，葡萄牙比西班牙快一個鐘頭。

找今晚的住宿旅社並不難找，而且我訂的是全程中最貴的酒店（Colón Tui），兩人將近 100 歐元（附早餐）。走路本身已經是挺累人的，偶爾來點舒服的，也不算奢侈。三星級的酒店算是一般的好，但最棒的是大大的落地窗，剛好將百萬美景盡收入眼內。躺在床上就可看見米尼奧河對岸的瓦倫薩堡壘，真令人心曠神怡。

梳洗一番後，外出覓食。此刻下午 3 點多，頭頂上的太陽全力放送它的熱情，真讓人消受不了。街道與廣場少有行道樹遮蔭，只能看哪一家餐廳還開著門

營業，有得吃就進去吧。選了一家廣場旁的餐廳，看牆壁上的西班牙文字，猜想應該是商業午餐之類的。我點了一盤煎牛排，學長的素食餐倒費了一番溝通的功夫。服務生、學長和廚師之間來回溝通好幾趟，終於 Bingo。素食餐和牛排餐一端出來，我們發揮最大本事，盡情享用。結帳時，帳單上打著 12 歐元，對嗎？我們可是點了兩盤啊。沒錯，就是 12 歐元，因為我們點的商業午餐（1:30-3:30）有兩道菜。為感謝服務生不辭辛勞，來回跑和廚師想出一道美味可口的素食餐，學長多給了一點小費。

出了餐廳，儘管已經下午 4 點多，熱風吹拂過臉龐，燠熱難耐。原本用過餐後，我都會去（舊）城區逛逛，認識一下或許日後不會再有機會造訪的城市。但實在是太熱了，屈服於阿波羅的神威之下，打消認識這座古城的念頭。走在發燙的街道上，身旁的西班牙人一幅悠閒的樣子，而我們只想趕快回到旅館享受陣陣清涼。

很難說圖伊城的歷史到底有多古老，早在石器時代就有人類在附近的山谷地住居。圖伊城曾是基督徒與摩爾人對峙的地方，後被摩爾人征服；也曾遭受維京人的洗劫。西元八世紀初，圖伊曾是西哥德王國國

王（Witiza）的首府。圖伊主教座堂建於羅曼式風格盛行的 11 世紀。一千多年的歷史算是很古老了吧。

今早出發時忘記按下手表紀錄里程，但共走了 31,862 步。

九、最短的路程

指南手冊說今日行程不到 17 公里,是上路以來最短的距離,看來可以走得比較悠閒一點。

酒店早餐 7 點半開始用餐。還沒到開門時間,我們就已經出現在餐廳門口了。不只我們,還有看起來像是要去健行的團體。早餐提供的餐點,如同一般歐式早餐,沒甚麼特別之處,該有的都有。

用完早餐後,經過大廳時,看到一堆行李箱整齊地排列在櫃台前,有位老兄正忙著將它們送上停在酒店前的中型貨車。出於好奇心,趨前一看,每個行李箱上都繫有一個相同的掛牌,牌上依序印有五六個地點。原來這是一部專門運送行李箱的貨車,如此一來,朝聖客便可輕裝上路。不是沒想過也讓提供此類服務的公司服務一下,只是首次上路,多少也得體驗一下負重走路的感覺。畢竟或輕或重,都是自己裝(或不裝)進背包裡的。

昨晚就寢前,學長說今日帶他到有黃箭頭的路上即可,我可以快步先行。

8 點多離開酒店,順著路往主教座堂方向去,主教座堂是今日路程的起點。或許西班牙人 9 點才起床吧,太陽已經露臉了,街上幾乎空無一人。若有,多半是揹背包往黃箭頭方向走去的朝聖客。

黃箭頭易尋，路也好走。向身後的學長指指牆上的扇貝殼與黃箭頭後，便邁著輕快的腳步前行。

　　前方出現幾位輕裝，手拿兩根健行杖的男男女女。看他們步履輕盈的樣子，心想下一次也把行李給託運了，搞不好還可以一路小跑到聖地牙哥也說不定。雖是輕裝，每個人的後背包上都掛上一個白色的扇貝殼，這是朝聖之路的象徵。

　　圖伊市城區不大，一會兒就從柏油路換上石塊路，再換成泥土路。路旁的朝聖之路路標標示 117 公里，117？方才經過一處民宅，牆上以小石頭排列出 114 公里的字樣，怎麼越往前走，距離卻越來越遠？

　　前方草地上矗立一塊圓石，中間鏤空，現出手持木杖的朝聖客造型，他的身後（又）是一座古羅馬拱橋。走在泥土路與柏油路交錯的路上，著實有點無聊。此際日出東方，人影在左側，於是開始拍攝我與我的夥伴（影子）；拿起水瓶，做出仰頭飲水的樣子，努力表達出「舉杯邀明月，對影成三人」的境界。

　　走上西班牙 PO342 公路，我的天啊，怎麼前方出現一堆一堆的人群，且幾乎人人輕裝，像是來健行的！

　　（西班牙圖伊市距離聖地牙哥不到 114 公里，因規定徒步者須至少完成最後 100 公里之故，圖伊市乃成為

短程健行的出發首選地。每年從圖伊出發的朝聖客，人數向來穩居第二位。）

　　朝聖之路該獨自行走，或揪團同行？朝聖路上要自己承受選擇的後果，負重前行，或者委託他人代勞，自己一身輕便？都可以，想怎麼做，就怎麼做。不管揹的是大背包或小背包，甚至兩手空空，只要願意出來走路，短暫遠離世俗塵囂，至少是有益身心健康的。

　　從公路拐入右側的林間泥土路，有位小朋友在路旁販賣扇貝殼。走過去時，他沒搭理我，自顧自地看著手機。心裡狐疑，這荒郊野外的，誰買呢？幾乎每位走上朝聖之路的人都知道要帶個扇貝殼，在路上賣人人都有的扇貝殼，這不等於飲水機前賣包裝水嗎？

　　樹林中空地有個圖伊市聖雅各協會擺攤做意見調查，當然也提供蓋印章的服務。我嘗試掃他們提供的QR扣，屢次都沒有成功，搖搖頭。在大石橫列的林間步道入口，請一旁的善心人士幫我照兩張俊照片，不然自拍技術不佳的我，總是無法拍攝出最佳效果。

　　（整個朝聖之旅，一路上互相幫忙最多的就是拍照。即使擺出自拍的姿勢，都有人會過來問是否需要協助。）

　　這條林間步道的確棒，路面平整，樹木眾多，走起來相當舒服。儘管走在其間的朝聖客相當多，但大

夥走路時既不喧嘩，也不嬉鬧。看見路旁兩人吃著蘋果，定睛一看，原來是前日和我們同住 Constantino 的夫婦，他們昨日住與圖伊一河之隔的瓦倫薩。看來，他們定是一大早就出發。走在同一條路上，只要落腳處相同，那麼在路上偶遇的機會是相當大的。

進入鄉間小路，到了今日第一家咖啡店（店名 Xarden），入門處擺了一張放著印章和簽名簿的桌子。可以蓋章的地方，當然不能放過，穩穩地在朝聖照護上蓋下今天第一個章。看著店員正忙碌地煮咖啡，聞到陣陣咖啡香，要不要也去喝一杯呢？走進中庭花園，哇，幾乎沒有空位，喝咖啡的背包客怎麼那麼多！繼續走吧。

有時鄉間小路是沒有風景可言的，兩旁都是看起來像豪宅的房子。邊走邊瞧各家種植的花草，走起路來才不會那麼無趣。柏油路轉為溪流旁的泥土兼石頭路。

走在小溪旁，欣賞流水淙淙（當然不是看著魚兒奮力往上游，早已過了成為偉人的年紀了！）。溪底細沙在陽光照射下閃閃發亮。心想若是脫鞋下水摸去，會不會摸些沙金出來？若真摸得出金子來，這下子可就變成「摸金少尉」了。

走在葡萄牙之路上

（李宗盛有首歌叫愛情少尉，鬼吹燈有摸金校衛，我是預官少尉。）

漫步在林中野溪旁，這可比走在淡水公司田溪或鳳山的鳳山溪旁舒服多了，更何況地上、水中無一點人為垃圾。

（從圖伊到波里尼奧這段路，有一半都是沿著盧羅河（Rio Louro）走的。盧羅河發源於雷東德拉南方山丘，流經波里尼奧，於圖伊市注入米尼奧河，全長約 30 公里，支流有九條之多。）

具聖地牙哥約 110 公里處有兩塊路標，一塊指向右（有公里數標示），一塊指向左（沒有公里數標示，只寫著 C. Complementario，類似替代道路的意思）。我選擇左邊的路，因為指南手冊上說右邊的路較短（距波里尼奧 7.9 公里），但有一段沿著工業區走的路（意思是比無聊更無聊）；左邊的路較長些（9.5 公里），多半是林間與鄉間小路，且進城前沿著盧羅河畔。

往左走的選擇是對的！一路上多半是林間土路加上小橋流水，還有不期而遇的黑羊和白羊，以及兩匹馬。靠近欄杆拍照時，馬兒跑了過來。伸出手，忐忑不安地在牠的臉上撫摸。本想拿個蘋果給牠，只是未得主人允許，不好擅自作主，便打消念頭。

九、最短的路程

已經是中午 12 點了。走在發燙的柏油路上,整個人熱烘烘的。路旁傳來賽車引擎的怒吼聲,要不要過去瞧個究竟?每當跑馬拉松時,自槍響的那一刻起,心裡只有一個念:趕快回到終點,絕不在路上逗留。因此時常錯過主辦單位準備的豐盛美食。自第一天上路以來,走路時深受馬拉松習慣的制約,一路往前走,非必要時,不停留。

💬 停一下會怎樣呢?
嗯,怕耽誤時間。
耽誤甚麼時間?
ㄟ,耽誤早一點抵達的時間。
又不是參加比賽,也沒有關門不准再走的規定,擔心甚麼呢?
嗯,不知道在擔心些甚麼,只覺得應該要賣力前行。
不賣力又如何?
好像也不會怎樣。
既然不會怎樣,休息一下又如何,頂多是晚點到而已。

於是我走進賽車場(Go Kart Porriño)。

賽車場上只有一部卡丁車衝過來,又衝過去。引擎噴出的怒吼聲,灌入耳朵,刺得耳膜發疼。進去販

走在葡萄牙之路上

賣部，拿出一歐元，買了一杯自動販賣機的咖啡，坐在椅子上休息一下。原本聊著天的路人甲乙丙，去了頒獎台上打卡，拍張團體照後，離開了。場上的丁卡車回到車棚，關閉引擎，整個賽車場頓時沉寂下來。

雖說是差不多的價錢，這杯咖啡真的比超商的咖啡還難喝。草草喝完，也去頒獎台上，以第一名為背景，拍了張照片。這自拍的技術真的不怎麼樣。

跟車棚內的工作人員揮揮手，走出丁卡車賽車場，踏上今日未完的旅程。

離開賽車場，往前走一段路，突然有了尿意。看看荒蕪的四周，方才沒在賽車場上廁所，此處前無村後無店，哪來的廁所？只好到路旁樹叢遮掩處解決出水的需求。

在 T 字型公路圓環處右轉，過了 55 號高速公路橋下，進入今日（或許是葡萄牙之路）最美的路段，全程 3 公里皆沿著盧羅河畔，直走進波里尼奧。

前往已訂好床位的民營阿爾貝給（Alojamiento Camino Portugues）途中，見到公立阿爾貝給外頭已有人等候登記。好奇心驅使下，走近一看，又見到那對葡萄牙夫婦，真是有緣。他們說櫃台可蓋章，聽到蓋章，自然進去請櫃檯人員蓋個章。

九、最短的路程

　　Alojamiento 其實就在數百公尺外，但實在太熱了（攝氏 36 度，體感溫度恐怕超過 40 度），這段短短路程走起來，簡直就像在沙漠中行軍一樣。

　　走進阿爾貝給，一陣冷風吹來，哇，屋內有冷氣。正當在登記繳錢時，後頭傳來一位老者的聲音，轉頭一看，他的身邊正站著那位德國下薩克森女孩。跟她打聲招呼。

　　櫃台小姐露西亞（Lucia）跟我介紹阿爾貝給的設施和規定，如走路穿的鞋子不可穿入寢室內、背包不可放在床上，只能放在置物箱裡、寢室內必須保持安靜等等。我訂了兩張床，卻沒想到是上下鋪的兩張床。學長以他的年紀，是不可能睡上鋪的，只好我睡上鋪。洗澡時，越想越不妥，要是半夜想起來上廁所，上上下下的，腳一踩空，那豈不⋯⋯。

　　去櫃檯跟露西亞商量，委婉地說年紀大了，實在不宜爬上爬下。露西亞一臉無奈說，今日客滿，沒有空床位，實在抱歉。無空床位，也只能這樣了。

　　一切料理妥當，去外頭等學長。這日頭實在太囂張了，一秒鐘都待不得，只能站在高速公路橋下陰涼處等候。不曉得過了多久，學長的身影終於出現在路的那頭。趕忙呼喊他先過行人穿越道，再直走過來。

走在葡萄牙之路上

在 110 公里的分岔點,學長選右走,結果是幾乎一路沿著 N550 公路走到波里尼奧。

待學長休憩片刻,洗得一身清爽後,兩人出外覓食。走在波里尼奧的街上,奇怪,怎麼空無一人,多數店家都沒開張。星期六下午快 4 點,徒步區的商家不營業嗎?走進一家還有營業的餐廳,遇見德國下薩克森小姐,她說廚房把火爐關了。啥?沒得吃了!不死心,問櫃台,還真的不供餐了。無奈只好繼續找下去。

徒步區街上沒甚麼人,多數商家不是關門,就是正在準備關門,只有兩位小朋友不畏日頭,自顧自地玩著足球。看見一家拿坡里披薩還有營業,抱著最後的希望,趨前一看,營業到 4:30。哇,真有如天降甘霖!進去店裡,點了可以吃飽的,管它是煎的、烤的、還是炸的。

回去阿爾貝給路上,有家超市還開門營業(真是謝天謝地!),買了水、水果、巧克力和麵包,頂著諾大的日頭,回到有冷氣的阿爾貝給。(學長說明日早上要來這家買沙拉當早餐。)

這日頭曬得人像被烤焦似的,不過也有好處,就是晾在後院,直接曝曬在陽光底下的衣服很快就被烤乾。去把衣服收了進來,學長說剛剛露西亞來找我。

甚麼？難道……，趕緊去找她。原來對面下鋪鋪位 17 號的人打電話來取消訂位，我可以移到 17 號去。真是 lucky me。

把床鋪的簾子一拉，躺在床上，時間下午 6 點多。寢室內應保持安靜，入住的背包客交談時都刻意壓低聲音。這家阿爾貝給沒有交誼廳，只能在自己的床鋪上打發時間。我這一躺就半睡半醒，直到被早起的鳥兒整理背包的聲響叫醒。一看手錶，原來已經早上 5 點多了。

今日步行 15.71 公里，31,520 步。

走在葡萄牙之路上

十、路程破百

走在葡萄牙之路上

　　阿爾貝給寢室內，多數人仍安睡著。躡手躡腳地把床上的東西和置物櫃裡的背包，一股腦兒全拿到寢室外頭。一切整理妥當後，跟學長輕聲說我先出發，黃箭頭就在出門左轉，直走到底就可看到。

　　7 點多，天已亮，日頭卻還躲在山後，遲遲不肯露臉。此時氣溫約在攝氏 16 度上下，真是舒服。路上已有朝聖客，有人揹著大背包，有人小背包，有人只有兩根健行杖。

　　快要出城時，見到 Lidl 在路左側。去門口瞧一下營業時間，9 點開門營業。拿出手機拍張照片，傳給學長，說有家 Lidl，9 點營業，應該有賣沙拉。昨天學長說他想吃碗沙拉再上路。

　　（結果沒注意到當天恰好是星期日，大小商店都沒有營業。聽學長說，好幾位背包客站在門外等開門，卻換來空等一場。）

　　往雷東德拉的公路編號 N550，今天大概就在它的左右繞來轉去吧。N550 和 N520 的交叉路口是個大圓環。說起圓環，西班牙加利西亞地區除了市區外，很少看見紅綠燈，多以圓環來規範車輛的行進方向。圓環的好處是少有因紅燈而產生的汽車廢氣和等待（每每看見路口紅燈倒數計秒從 98 起，便覺得生命就在

十、路程破百

等待中一秒一秒地流失），缺點則是若駕駛人互不相讓，發生車禍的機率會大一些。圓環或紅綠燈？車流量較少，駕駛遵守交通規則的地方可設置圓環，若兩者都不具備，立個紅綠燈吧。

依照黃箭頭的指示，過馬路時，通常會小繞一下，走行人穿越道。不過，眼前兩位背包客筆直穿過馬路，大概是星期日早上人車稀少吧。我呢？乖乖跟著黃箭頭走，走行人穿越道。

過馬路沒幾分鐘，就要與 N550 說再見了，黃箭頭指示右轉上坡路。走上去，還要再走一座天橋，橋底下為 A52 高速公路。走一段路，再過個涵洞，算是離開波里尼奧了。

郊區小路上，盡是往聖地牙哥的背包客，幾乎沒甚麼人揹大背包。大夥走在路左側，規劃給行人專用的綠色道上。（近幾年，台灣也開始規劃綠色行人專用道。）

相對來說，加利西亞地區的朝聖設施設置得最為完善。尤其是路旁的朝聖路標，每幾百公尺便會設立一塊。從剛才經過 102 公里的路標時（07:36），便時時注意標誌著 100 公里的數字，不想錯過那破百的歷史性一刻。07:53，見到 100.760 公里路標，還沒破百

走在葡萄牙之路上

啊。08:06，出現的路標標示著 99.840 公里，哇，已經破百了。破百之後就倒數饅頭了。

鄉間小路彎彎繞繞。東邊遠方山巒天際線上出現一點點金黃色的光。一邊走，一邊歪著頭看，想瞧一下日頭是如何跳出來的。

08:13，好像露出一點；08:14，真的露出一點；08:16，出現明亮無比的蛋黃邊；08:17，比金子還耀眼；08:28，日頭露臉秀表演結束。看著旭日從遠處山頭升起，想到魔戒第二集雙城奇謀中的一場景：

> 洛汗和精靈聯軍被怪獸人打得潰不成軍，退入號角堡。此時洛汗國王希優頓面對殘暴的怪獸人，意氣消沉，似乎已失去戰鬥的意志。(So much death! What can man do against such reckless hate.)

> 亞拉岡卻不願意就此放棄，激勵希優頓和他一起騎馬出去衝殺。(Ride out with me, ride out and meet them。For death and glory. For Rohan, for your people.)

> 矮人金靂說："The sun is rising."

亞拉岡想起甘道夫前幾日出發去找救兵時，對他說："wait my coming at the first light of fifth day, at dawn look to the east."

亞拉岡不曉得甘道夫是否會如期回來，但他相信甘道夫。於是抱著最後一線希望，激勵希優頓奮力一戰。

聽了亞拉岡的話，希優頓重新燃起希望，說："Yes, yes, the horn of helm hammerhand should sound in the deep one last time. Let this be the hour, when we draw sword together."

希優頓國王率洛汗殘餘騎兵和亞拉岡衝出去廝殺時，亞拉岡向東方看去，一位白馬騎士立在山頂。白馬騎士甘道夫說："Théodon stands alone"。

伊歐默騎著馬從他身後走了出來，說："He is not alone，高喊："Rohirrim, to the King"。隨後帶領 2,000 名先前被放逐的洛汗騎兵，衝下山谷解圍。

走在朝聖之路上，望著遠方山巒出現的第一道曙光，腦海中閃出甘道夫說的那句約定，於是我邊走邊看向東方。

走在
葡萄牙之路上

　　朝聖之路上指示前進方向的箭頭大抵以黃色為主，葡萄牙之路上有藍色的箭頭，但那卻指示著與黃箭頭相反的行進方向，亦即從聖地牙哥走向波多。但在這段路上，卻出現一個以藍色為底色的長方形牌子。上面是一個手持木杖的人物造型，中為扇貝，底下是一個淺藍色的箭頭。不曉得這個牌子是地方協會，還是哪個政府單位設立的，頗為與眾不同。

　　走了約兩個鐘頭後，抵達莫斯（Mos）的小教堂（Iglesia de Santa Eulalia del Monte）。站在一旁看著過往路人的老先生說，教堂裡頭可以蓋章，於是我便信步往教堂走去。教堂不大，應該是村裡的信仰中心。一位先生幫我蓋了章，跟他說聲 Glacias。

　　教堂邊有家取名為花神（Flora）的咖啡廳，店裡面此刻已是高朋滿座，都是起個大早的背包客。排隊買杯美式咖啡，配著昨天買的可頌，就這麼樣把早餐解決掉。朝聖路上的早餐通常吃得很簡單，要麼沒吃就出發，要麼一兩個可頌配巧克力奶；或者是一碗蛋白質粉（原本是減重吃的，出門前，塞幾包到背包裡，想不到還蠻好用的）。午餐也是很隨便，因為還在路上，不宜吃得太飽。晚餐會去找餐廳飽食一頓。

　　喝完咖啡，走出花神，聽見路旁長椅上兩位德國人邊吃蘋果邊聊天。走過去，用德語說：你們說甚麼，

我都聽得懂。可是在這裡，我只會一個字 Glacias。兩位女子笑著說，對啊，我們可是在西班牙。

繼續往前行，路旁民家的院子有座類似法櫃造型的小房子，以六根柱子頂起，不與地面接觸，可是又沒有樓梯。這到底是甚麼呢？神龕、小教堂，或是某種裝飾性建築物？其實這是加利西亞區常見的穀倉（Hórreo），儲存食物用。之所以不蓋在地面上，也無樓梯，乃是防鼠輩的。小老鼠可以上燈台，可以偷油吃，卻上不了 Hórreo。

（時至今日，有些人家的 Hórreo 已無早先的儲存功能，轉而成為庭院中的美化裝飾品。加利西亞地區最長的 Hórreo 有 35 公尺長，在 Carnota。若在聖地牙哥參加世界的盡頭一日遊，第二站就是參觀最長的穀倉。）

走在鄉間柏油路上，感覺無啥風景可看。中國近代小說家郁達夫在一篇名為《故都的秋》的散文裡寫道：「所謂旅遊，就是從自己待膩的地方去看別人待膩的地方。」此番步上朝聖之路的確有那麼一點想要遠離待膩的地方的味道，想去遠方看看與自己待膩地方的不同。然而這個別人待膩的地方，又與早年曾待過的德國（也算是自己待膩的地方吧？）相差不大，以至於鄉間小路或林間步道，看起來都那麼相似。還好我只是個過客，無須理會膩或不膩。

走在
葡萄牙之路上

　　如果要說路上有甚麼是久看不厭的，那鐵定是每天從你身旁走過的背包客。每個人的長相不同、型態不同、穿著不同、走路姿勢不同，揹的背包和戴的帽子也都不同。光是欣賞這些不同，就足以讓走路活潑起來，不會只是悶著頭，一味地雙腳交換前進而已。

　　又到了一家咖啡店（Churrasquería Choles），門外站了幾位穿短褲的男士，不曉得是剛出來，還是要進去。考慮三秒鐘，繼續走吧。

　　接下來的路平坦好走。早上10點多，太陽早已高掛，照得這世間明亮而不炎熱。出了林子，路陡下坡，兩旁的民房簡直就像山丘上的別墅一般，站在庭園就可俯瞰山腳下的道路、鐵路和散落各處的房子。這坡真的有陡，若騎腳踏車，任憑踩踏功夫再厲害，是絕對騎不上來的。

　　到了平地，離目的地雷東德拉已經不到3公里了。上午11點，路旁人家矮牆上休息一下。下背包，喝水，把早上沒吃完的可頌解決掉。陸陸續續有背包客走過，四目交接，微笑，點頭示意。

　　收拾背包，一鼓作氣走到雷東德拉。接近市區時，首先見到 Villa Bella 餐廳，飢腸轆轆，要不要坐下來吃個飯呢？先找到住宿再說吧。

今天的住宿處（Pilgrim Rooms）就在旅客中心對面，真是方便。一路跟著手機地圖的指引，穿過大街小巷，一眼見到一座古樸的建築物。門前一堆背包客，或坐或站著聊天，他們的背包從門口沿著牆壁排去，還有兩三位工作人員協助登記。。

查了一下資料，這家由 16 世紀建築物整修而來的公立阿爾貝給（Xunta de Galicia Casa da Torre）有 42 張床位，每床收 10 歐元，提供床單和枕頭套。不接受預訂，所以要入住的話，只能盡早去排隊（下午一點開始登記入住）。這家阿爾貝給應該俗又大碗兼有名氣，不然怎麼那麼多人搶著入住？

按圖索驥抵達旅客中心。啥？今日營業時間已過，明日請早。轉過身，站在朝聖客民宿門口前發呆。一對夫婦走了過來，說 2 點才能入住，他們要去城裡逛逛。正當我在門口前唉聲嘆氣時，一位看起來像老闆的人走了過來，問我是不是要入住。我說是，又說了我的名字。老闆查了手機，笑了笑說，可以入住了，鑰匙在這裡，你的房間在 5 樓。5 樓，我沒聽錯吧？今天雖然只走了 16 公里，好歹腿也會疲吧，還要揹著背包上 5 樓。其實老闆口中的 5 樓，算起來只有 3 樓，一層樓的樓梯也不過就十來階。

5 樓就只有我們住的一間房間，上下鋪，一張小桌、一張椅子、一個放浴巾的三層木架，再加上一台

可移動式的冷氣機，沒了。房間小得不太好轉身。不過有冷氣機，算是值回房價了。浴室在四樓，趕緊下去洗個熱水澡。

出了朝聖客民宿，往入城第一家餐廳的方向走去。下午一點多，太陽大得不得了。經過公立阿爾貝給，大門前還有十來位背包客排隊等候，也不知是在喬床位，還是等候補。

一路走過來，凡有大陽傘的露天咖啡座大多座無虛席。從穿著來看，大多是完成今日路段的背包客，輕鬆愜意地互相聊著天。到了 Villa Bella 餐廳，也選戶外座，點了一杯咖啡和一盤鮪魚沙拉。點咖啡是解饞，沙拉則是多吃青菜，不過沙拉配咖啡的確有點怪。其實會選擇坐在進城的第一家餐廳，無非就是等學長的到來，因為從這裡一眼就可見到進城的背包客，毫無錯過的可能。

正埋頭吃沙拉時，一陣德語交談聲傳入耳朵裡。抬頭一看，一位白鬍子老先生坐在涼棚下，隔著花盆矮牆正跟一對剛抵達的背包客夫婦聊著天。沙拉吃個精光，付完帳，便往老先生的桌位走去。禮貌性地打聲招呼，兩人聊了起來。老先生說朝聖之路上都用你（du），不用您（Sie）。

十、路程破百

卡爾－漢茲（Karl-Heinz）是他的名字，今年77歲，十多年前曾走過法國之路。退休後，閒得很，暑假出來走葡萄牙之路。他說，以前走朝聖之路，不需要先訂房間。走上朝聖之路的背包客都很虔誠，不會大聲喧嘩，不會戴耳機走路，不會推著娃娃車，更不會在路上唱歌。他覺得世風日下。他不會（或許不喜歡）網路訂房，完全走老派的打電話訂房。他現在正苦於訂不到明天晚上需要的房間，打電話問過的旅社全客滿。

我問他打了那些旅館。他拿出指南手冊，說都是手冊推薦的旅館。我笑了笑，心想，暑假屬旺季，手冊推薦的旅館不就那幾家，不上網怎麼訂得到其他家。我把我們明天已訂妥的旅館電話號碼給他，請他試試看。電話一打，竟然還有空房，卡爾馬上訂了一個床位。我說，走在路上，晚上睡覺時別無所求，只要有一張床位即可。他說，他已先訂好聖地牙哥的旅館，一晚150歐元，終點站當然要住好一點，就在主教座堂廣場旁！我哇了一聲，好野人，我和學長兩人在聖地牙哥旅社住一晚也才56歐元。

等了兩個多鐘頭了，學長還沒出現。經過的背包客已經數不勝數了。我注意到有些背包客從另一個方向進入雷東德拉。卡爾說那些人是從維哥（Vigo）過

走在葡萄牙之路上

來的。原來從波多走海線，要到維哥才匯入中央線！從維哥走到聖地牙哥剛好約 100 公里，因此很多短程健行的人，會選擇從維哥出發，只要 5 天就到聖地牙哥（2023 年有 9,715 人從維哥出發，以出發地的人數多寡論，它排第九名）。

依然見不到學長的人影，在 Line 上詢問，大概還有好一會兒才會抵達。跟卡爾說明天見，起身前往城區逛逛。城區還滿大的，只是太陽也很大，走得汗流浹背。不逛了，回去旅社吹冷氣。（學長稍晚一點到，一路上吃吃喝喝，和咖啡店裡的背包客哈拉，打交道。）

傍晚出來覓食。說是傍晚，天還亮著，暑氣尚未消退。西班牙的餐廳通常都是晚上 7、8 點才供餐，有些酒吧會提供輕食。我們去了一家朝聖者餐廳（其實大部分的餐廳都號稱是朝聖者餐廳），研究餐廳擺放在人行道上的美食照片。海鮮飯、西班牙式歐姆雷蛋、義大利麵、俄式沙拉、香腸拼盤、海鮮炒米粉（Fidegúa）等等，沒有素食餐。不過，沒關係，進去和服務生商量一下。

這一商量真把僅會的一些食物名稱通通用上。最後服務生乾脆拿起她的手機當作語言翻譯機，我們就透過手機，商量起如何才能端出一份素食餐。只能說，有時候人的腦筋還真不會轉彎，商量的結果是廚房做

十、路程破百

不出素食餐，只能提供鮪魚沙拉，沙拉裡頭的鮪魚和洋蔥還得自己挑掉（不要加進去就好了，不是嗎?）。學長只好將就著吃，我則點了一份海鮮飯。《水滸傳》裡排名十三的魯智深曾說過一句流傳千古的名言：「嘴裡淡出鳥來。」這盤海鮮飯真讓我「嘴裡鹹出鳥來」！

這一頓餐兩人吃得都不盡興，於是轉去 Vila Bella，再吃一頓。飽食一頓後（我今日的第三盤），踏著夕陽餘光，踱步回旅社。

今日步行共 16.20 公里，24,479 步。

十一、遇見愛唱歌的義大利人

走在
葡萄牙之路上

　　清晨 6 點半走出民宿大門。抬頭看一下頭頂上的天空，一片漆黑，狹窄街道上或白或黃的路燈不僅把路面照耀得清晰無比，連街旁房子牆壁上的扇貝殼和黃箭頭也閃閃發光。朝聖之路怎會不好找呢？

　　氣溫攝氏 18 度，涼爽宜人。空曠的街道上只有一輛垃圾車挨家挨戶地收拾昨日的剩餘。從波多一路走來，還沒遇見過垃圾車，倒是見到許多大型垃圾桶，成排擺放在人行道上。最多時見過 5 個，綠、藍、紅和灰（2 個）各自收納不同的廢棄物。若是在鄉間地區，大型垃圾桶多擺放在路旁較空曠處，方便居民開車載運自家垃圾來丟棄。

　　快要出城接上今日路段的主要公路時（又是 N550），小巷路口有家早餐店。站在店外，見店裡已有背包客享受早餐，心裡想著要不要喝杯咖啡再走？還是走吧，不要耽誤行程（又是擔心耽誤行程！）。

（從雷東德拉到朋堤維德拉，朝聖之路幾乎和公路與鐵路或交叉或併行。）

　　近 7 點時，天空已不再漆黑，而是一片深藍。沒有路燈的路段，儘管看不清前方的路面，卻可辨識去路的方向，踏出去的那一隻腳可以不用再小心翼翼，深怕踩到看不見的路坑，或踢到路上的石頭。

十一、遇見愛唱歌的義大利人

走著，走著，天亮了。陸續有背包客從後面輕快超車，Buen Camino。走了一個鐘頭，見前方有塊空地，幾張木頭桌椅擺放其中，山壁上還裝有一座可洗滌的水槽，真是吃早餐的好地方。

今日的早餐就是 mixfit 蛋白質粉。這包蛋白質粉原本是減重用的代餐（我兒子公司的產品），在家裡整理背包時，隨手裝了幾包，心想應該會用到吧。沒想到這東西還蠻好的，既簡單又方便，只是要帶個碗（登山用鈦合金碗）和湯匙（從飛機上拿下來的塑膠湯匙），也要有吃完馬上可以洗的地方。（喔，忘了交代，包裝袋不可隨意亂丟，要養成先收起來，再丟進垃圾桶的習慣。）

柏油路面換成泥土路面，有位女士在路邊賣她自製的朝聖文創小飾品。我只是瞧了一眼，便逕自往前行。

石塊路旁的路標標示著 82.540 公里。路標旁的鐵桿和樹枝上卻掛著被漆成淺藍、淺綠、深綠、咖啡等不同顏色的五個扇貝殼，還有一些莫名其妙的貼紙。

（臉書葡萄牙之路的社群裡早就有人對這些隨意擺放的「垃圾」感到不滿，呼籲路過的背包客千萬不要把任何塑膠物放在路標、十字架旁，說是紀念，其實是在製造垃圾。最近有人呼籲不要把用過的衛生紙，隨

意丟棄在路旁，要準備一個塑膠袋，裝自己製造出來的垃圾。）

走出樹林，左側出現一座湖（Ria de Vigo）。遠方對岸民家，依山傍水，一幅靜謐的山水畫。前方扇貝殼木牌竟然出現兩支相反相向的黃箭頭，趨近一看，左路 70 公尺，坡度 15 度；右路 360 公尺，坡度 5 度。口音聽起來像是英國人的男子，跟我解釋一番，以微笑加點頭向他致謝。

向左或向右？法國大革命時期，保皇黨議員都坐在議長的右手邊，而持改革和自由的激進派坐在他的左手邊，左右派就是這麼來的。德國聯邦議會各政黨的席位分配也是這麼顯示的：從議長的席位看出去，最右邊為極右派德國抉擇黨（AfD），再來是自由民主黨、基督／基民聯盟、綠黨、社會民主黨，最左邊為左派（Die Linke）。有個笑話說，30 歲之前如果不是左派，這個人不會有出息；30 歲之後，如果還是左派，這個人更不會有出息。意思是 30 歲之前，尚在打拼，身無恆產，所以要求財產重分配；30 歲之後如果還在要求財產重分配，那表示這個人真的身無恆產。因為有了財產，會成為保守派，不想被分配財產（如繳更多的稅）。

立在我面前的向左或向右，不具有選擇上的困難，走捷徑就是了。

十一、遇見愛唱歌的義大利人

　　走上坡去，再往下走，視野整個開闊起來，可以看見整座湖的後半部。金黃色晨光穿透雲層，灑在遠山林間，形成一條黃色緞帶。雲層遮掩大半個天空，只許它露出半臉的藍色憂鬱。站在山丘石頭旁（這座山丘 Alto de Lomba 最高也才 153 公尺），極目遠望，一座白色斜張橋（蘭德大橋，長 1,558 公尺）橫跨在遠方湖面上。更遠處白雲靄靄，那邊應該是靠近大西洋的地方吧。

　　走下山丘，泥土路接上 N550 公路，指南手冊上標示著小心的符號。走在公路上自然要小心，不過一般說來，西班牙的汽車駕駛人遵守交通規則，且比較有耐心。

　　前方的黃箭頭指示前行，為何背包客直接橫越馬路，往對面的叉路走去？莫非我漏看了甚麼？看見叉路路口有家雜貨店，想想背包裡的水所剩無幾，先到對面的雜貨店買瓶水再說（也是直接橫越馬路）。

　　買了水和香蕉，走出雜貨店，正要回到對街時，看見一位背包客站在對街的行人穿越道旁等待綠燈。原來黃箭頭是要背包客直行到行人穿越道，再過馬路，再左轉回到叉路，也就是雜貨店旁的小路，等於走正方形的三個邊。黃箭頭不鼓勵橫越馬路，我卻抄捷徑（正方形的第四個邊），看看左右無來車，直接穿越。

走在葡萄牙之路上

這裡的行進方向有點複雜，於是在路口，拍張照片，標示出行進方向的箭頭，傳給學長，希望他不會走錯路。

（學長沒有走錯，因為當他抵達時，又路口人行道上，一間旅客中心小木屋開張了，背包客在這裡排隊蓋章。由於我抵達的時間尚早，工作人員還沒開始上班。如果有看到背包客聚集，是不可能走錯路的。）

正在上傳照片時，一位西班牙小哥靠過來，問我需要幫忙嗎？我說謝謝，不用，只是上傳照片給位朋友而已。

走在鄉間小路上，風景一般，大概也不太需要欣賞些甚麼。路旁一家咖啡店的門口擺了一張黃箭頭造型的長椅（Banco Peregrino）。長椅應該是當地朝聖協會提供的設施，旁邊還有路線與高度圖的說明。看看高度圖，我此刻處於下坡路段，待會還要再上一個坡。之後就一路下坡到今天的目的地朋堤維德拉。

坐在黃箭頭造型的長椅上，擺出姿勢，想來個自拍。四位背包客剛好走近，問我需要幫忙嗎？我說好啊，謝謝。

經過一家專門販賣朝聖之路紀念品的店，原本不想進去參觀，打算到聖地牙哥再買就好，免得買早了，可得一路揹著。不過，看見有兩人從店內走了出來，

十一、遇見愛唱歌的義大利人

一側身,走進去瞧瞧。這一瞧就買了一頂帽子和一個鑰匙圈。

(回程要去德國杜塞道夫時,伊比利航空把我的背包搞丟了。以至於回到台灣時,身上就只剩下那頂帽子和鑰匙圈,以及一個在聖地牙哥買的朝聖者蛋糕。數日後,伊比利航空傳來通知,說我的背包將送往我留在杜塞道夫的地址。)

走出紀念品店,經過一座跨越 Verdugo 河的石橋,步向今日第二座標高 135 公尺的山丘。將要登山前,西班牙小帥哥坐在路旁的石椅上,吃著水果,跟我說,這裡是上山前的休息站,可以在這裡吃些東西,吃飽喝足再上山。我跟他說,我直接上去,無需休息。走之前,和小帥哥合影留念。

別看這座小山峰只有海拔 135 公尺高,有一半的路都是石頭擋道,和葡萄牙 Barcelos 的石頭路差不多,只是沒那麼難走而已。路旁的路標標示 76.700 公里。石頭路接上林間道路。後頭傳來一陣歌聲,一片歡愉的樣子。

💬 問他們為何這麼高興,不累嗎?
他們說,唱歌可以驅逐疲憊。
問他們打哪兒來?

走在葡萄牙之路上

回說義大利。

我說我認識兩個義大利人，男的叫 Roberto Baggio，女生的名字叫 Gianna Nannini。

喜歡唱歌的義大利人馬上合唱 1990 年在義大利舉行的世界盃足球賽主題曲《Un'estate italina》（義大利之夏，男女合唱，女歌手正是 Nannini）。正當他們的歌聲響徹林間道路時，沒想到後頭也有一群人唱起歌來。西班牙人來啦！義大利人和西班牙人尬起歌來，霎時整條路充滿拉丁熱情。

也難怪義西兩國人士如此興致高昂，他們昨天從 Vigo 出發，今天才第二天。我（們）已是在路上的第 8 天了。不過，這應該和天數無關，民族性使然！

林間道路換成泥土路，一輛餐車停在空地，販售咖啡、各式清涼飲料、香蕉、餅乾等。一輛緊急救護車停在路旁，看樣子像是民防人員似的。買杯咖啡，坐在樹蔭下塑膠椅，望著一個一個走過去的背包客。喝完不怎麼美味的咖啡，揹起背包，繼續上路吧。

這一段林間泥土路走起來真是舒服，一來此地禁止汽車通行（公用救急車除外），二來路況良好，既無類似先前的巨石擋路，也無積水坑洞。這是整理過的現代朝聖之路，百年前的朝聖者恐怕沒有這麼好的道路可走。

十一、遇見愛唱歌的義大利人

　　如同先前享受過的泥土路段一般，最終還是要走回現代化的柏油路。路邊一座不太起眼的小教堂，從裡頭出來的背包客說可以蓋章。趨前一看，木板解說牌上寫著 Capela de Santa Marta，建造於 17 世紀初。這座教堂算是一座相當袖珍型的教堂了，裡頭只能容納約 20 人做禮拜。它的牆面極為簡單，由方形石頭堆疊而成，沒有哥特式的花俏造型。正牆看起來與高雄鳳山溪畔整修過後的訓風砲台的牆面差不多。（喔，忘了說，最近訓風砲台又在整修，越修越新咯！）

　　蓋完章，坐在門口旁石椅上歇歇腳。

　　繼續前行，又遇上向左向右的選擇題：沿著公路走，或走綠色小徑。當然是走綠色小徑啊，這也需要考慮嗎？綠色小徑的路線剛好與一條野溪相互交錯，可以欣賞不同造型的橋。說是橋，其實也不算是橋，兩根橫木，上頭釘上木板條，人在橋上走，水在橋下流。這類簡易的橋，可說是遇水搭橋的最佳寫照。路旁路標寫著 68.175 公里。

　　（歐元不同面額的紙鈔上有好幾座橋，為什麼要以橋為主題呢？一說是連接各國，但最核心的意義是溝通和交流。橋的意義不就在跨越阻礙，便利往來，溝通彼岸與此岸嗎？）

走在葡萄牙之路上

　　出了綠色小徑，走一段柏油路便到了朋堤維德拉市區。踏上人行道，一眼瞧見正前方 ALDI 大大的招牌。ALDI 乃德國著名的「便宜」超市，有「窮人商店」（Arme-Leute-Laden）之稱。在德國求學時，ALDI 是每周必光顧的商店。在西班牙見到它，真有他鄉遇故知的感覺。

　　ALDI 招牌懸掛在火車站大廳外牆上，人行道盡頭的黃箭頭指向左轉。正當要跟著黃箭頭左轉時，耳朵聽到路旁有人用英文問路人，說是哪條街要往哪裡走。這說英文的口音聽起來有點熟悉，轉頭一瞧，原來是卡爾老先生。他說他已經 77 歲了，可這腳力不輸年輕人啊！趕忙跟他說跟我來。

　　兩人依著手機地圖的指示，穿街過巷地去到離火車站約一公里的 Pension Santa Clara。朋堤維德拉的歷史可追溯到西元前一世紀的羅馬時代，且城市名字與一座羅馬時代的一座古（舊）橋有關。(Ponte-Vedra, the old bridge)。這名字讓人想起前幾日走過的城市 "Ponte de Lima"。

　　城雖是古城，道路與建築物卻是現代化下的產物。走在人行道上，路上車流量頗大，巷弄裡的車子絡繹不絕。雖然很少聽聞喇叭聲，輪胎輾壓過路面的聲音，對剛走過綠色小徑的我們來說，可說是巨大的噪音。

十一、遇見愛唱歌的義大利人

民宿位在舊城區旁，招牌小小一塊，不怎麼顯眼地掛在入口上方。若不多加注意，鐵定會錯過。櫃台位在二樓，櫃台後的西班牙阿伯（從外貌看應該是阿伯無誤，不過人不可貌相）極有耐心，無論做甚麼事都慢慢來。（我的房間在建築物的三樓，卻是西班牙的二樓，因為一樓只有樓梯，無其他。下午逛完舊城區，回到民宿，想打開二樓的門時，老先生瞪了我一眼。我才想起來，我住的二樓在三樓。）

民宿房內的傢俱有些年代了，雖陳舊，卻不失典雅。一進入房內，立即卸下背包，拿出盥洗用具與換洗衣物，想搶先去浴室洗澡。不料一出門，見到卡爾老先生全身上下僅穿著一條三角內褲，說要去上個廁所。這個德國人也真豪放！（隔天一早，見到對門的西班牙女士只穿短褲和胸罩，從浴室走出來。）

一身清爽後，到舊城區走走，認識一下這座古城。舊城區位在 Lérez 河畔，憑它千年的歷史，應該很有看頭的。但或許是天氣燠熱的關係，街上行人稀疏，倒是露天咖啡座幾乎座無虛席。

匆匆瀏覽一下城裡中世紀的建築物，到旅客中心蓋個章後，貪圖舒服的個性驅使我走向有冷氣的大賣場和快餐店。晚上就帶學長來這裡用餐吧。

今日步行共 18.15 公里，38,463 步。

十二、木杖、葫蘆和扇貝殼

走在
葡萄牙之路上

　　早上 6 點半走出民宿。路燈明亮,街上空無一人,地面微濕,看起來下過小雨的樣子。氣溫攝氏 17 度,又是個適合徒步的好天氣。

　　憑著昨天逛過舊城區的殘餘記憶,沒有特意尋找黃箭頭,雙腳依循腦海裡的地圖左轉、右轉,直行。走著走著,卻發現不看黃箭頭,還真是不行。站在街口四處張望時,一位手持木杖的男子迎面走了過來,前方路口處左轉,於是我決定路口右轉跟在他後頭。

　　昏暗街道走不到百公尺,到了河邊馬路。啊,原來如此,剛才行進的方向與河水流向平行,所以才有走不出去的感覺。看到河就簡單多了,過橋直走便是。

　　不到 7 點,一片漆黑,應該要帶個小手電筒來的。上了橋,走到一半,後頭傳來嘰嘰喳喳的聲音。一群年輕背包客腳步輕快,嘴巴也說個不停地從我身旁走過。這一群年輕人過橋後左轉,左轉?不是應該直行嗎?

　　昨天辦理入住時,依稀記得西班牙阿伯說過,過了橋後直行,但也可以左轉走綠色小道,再接回公路。年輕人去的方向,應該是綠色小道吧?哎呀,也不想那麼多,跟著他們走就對了。

　　昏暗中經過幾處民宅,燈泡亮光從窗口透出,可以聽到屋裡人的交談聲和刀叉碰撞的聲音。不曉得西

班牙人家裡是否都養毛小孩,至少走在鄉間小路甚少聽見狗吠聲。

(有趣的是,有些民宅會在門口貼上「內有惡犬」的磁磚。有一家的彩色磁磚上,一條狗咬著一個驚惶失措的男子的褲子,露出部分大腿和臀部。磁磚上頭的西班牙文寫著:Guidado con el perro,意思是狗會帶路,不要自己亂闖。)

天光緩慢地亮了起來,路旁的朝聖路標寫著62.780公里。朝聖之路上,有些民家或是地方協會會製作一些別出心裁的朝聖者造型,貼在自家的外牆,或立在路旁。路過的背包客瞧見了,不免發出會心一笑。有一個以聖雅各為造型,右手持木杖,上頭掛著一只裝水的葫蘆,左手拿一本書站在叉路口。往右的道路走向一座教堂,往左不知走向何處(因為已經超出磁磚的框外了。奇怪的是,箭頭卻指向左,而非向右到教堂。)。一家早餐店(Desayunos)也以朝聖者為標誌,右手持木杖,上頭也掛著一只葫蘆,似乎揹一個斜肩包,包上有一個扇貝殼。木杖、葫蘆和扇貝殼應該是朝聖者的共同標記,還有一臉的大鬍鬚也是。

走在小路上,背包客多了起來。仔細瞧了一下,手持木杖的人很少,好像沒有人帶葫蘆,人人的背包上卻都掛有白色的扇貝殼。路旁草堆裡,一塊方形石

頭上釘著一塊淺藍色的牌子，上頭只有三個字：Via Romana XIX，羅馬（帝國）19號公路。再往前走，遇見一塊羅馬時代的圓柱里程碑（真品已移至朋提維德拉博物館珍藏，立在此處的為複製品）。這塊里程碑的作用乃是丈量羅馬帝國城市到此地的距離。里程碑雖是複製品，表面卻有著歷經風霜的痕跡。碑上刻的文字多半已無法辨識，即使可辨識，我也看不懂，寫的都是拉丁文吧。

（在德國特里爾大學讀書時，修了一門中世紀史的課。老師見我一個外國人，又不懂拉丁文，懷疑我能否過得了關。於是發揮勤奮的精神，即便不懂拉丁文，還是想盡辦法寫一份報告如期繳交。）

繼續跟著畫在路面上的黃箭頭走，60.440公里。方才羅馬里程碑解說牌的最後一段，寫著到聖地牙哥57.8公里。有時真不知道哪一個數字才是正確的距離。

8點46分，走到一家綠意盎然的咖啡早餐店（Pousada do Peregrino），店名上頭四個阿拉伯數字1741，難不成這家店已經開了兩百多年了？往裡頭一瞧，好多人啊！繼續往前走。

前頭還有兩家早餐店，或許多數人都被前一家吸走了，以至於這兩家沒甚麼人。我沒進去早餐店，而

十二、木杖、葫蘆和扇貝殼

是往路旁小教堂前的石椅坐去。拿出 mixfit 蛋白質包，和水攪拌，再啃一個蘋果，兩三口解決早餐。另外兩張石椅上，分別坐了兩對背包客，也都吃著早餐。女生拿著小刀削蘋果皮，ㄟ，蘋果不是不用削皮，就可直接吃嗎？（至少德國的潔白牙齒電視廣告都這麼演的）。肚子墊了點東西，可以繼續上路了。

（事後得知，兩家早餐店中的一家 Don Polpo 有提供誘人的章魚大餐，唉，千金難買早知道。）

57.180 公里，看著路旁路標上的公里數，心想後天應該可以抵達聖地牙哥了。只是這個後天是依據公里數算出來的後天，而不是實際走的後天。實際走，要到大後天，因為在家裡規劃徒步天數時，出了一點小狀況，以致於必須要在路上多待一天。正值暑假期間，在朝聖之路上多待一天不是甚麼大不了的事，頂多就是多支出一點旅館費用而已。

說到錢，路旁一塊看起來像是工程看板的牌子上，有一個 596,408.83 歐元的數字。看板上的文字是西班牙文，以僅看懂幾個單字的程度去推敲，這個工程看板寫的應該是：歐洲聯盟區域發展基金，2014 年至 2020 年，共同出資整修 81.000 公里至 49.550 公里之間的朝聖之路路段，經費就是那個六位數，換算成新台幣約 2 千萬元。區區 60 萬歐元對歐盟來說，簡直是

滄海一粟。記得曾看過歐盟補助某個國家（阿富汗[2]或伊拉克？）辦理該國全國性選舉，經費高達一億歐元。在台灣，一億歐元大概可以辦理 2 次總統與立法委員選舉。（2024 年總統與立法委員選舉，中選會編列約 14 億新台幣的經費。）

（根據聖雅各之路歐洲協會 "European Federation of Saint James Way" 提供的資料，從 2008 年至 2019 年共實施三期的朝聖之路維護與行銷計畫，總經費達 1,548,190 歐元。歐盟負擔其中的 75%，其餘由協會與各會員國的政府分攤支出。）

走在 2 千萬新台幣整修過的朝聖之路上，有踩著歐元前進的感覺。突然想到，一路上看到的黃箭頭長椅，應該也包含在那筆經費裡頭吧？

路上的景色滿是西班牙的鄉村色彩，有些人家的穀倉維護得相當好，即便表面上呈現出歷經歲月風霜，卻無傾頹或破落之感。反觀有些鄉村地區的老舊房子，早已人去樓空，屋主任其毀損，說有多破敗就有多破敗。

一群人從背後快速走了過來，一回頭，他們開始唱起《義大利之夏》，原來是那群愛唱歌的義大利人。他們看見我走在前方，於是開始唱起歌來，算是打招

---

[2] 從 2002 年到 2010 年，歐盟與其會員國承諾投入約 80 億歐元援助阿富汗。

十二、木杖、葫蘆和扇貝殼

呼吧。擦身而過後,這幾個人喊起「Roberto Baggio,Roberto Baggio」,雙手拍打著足球場上加油的節奏。

走了4個鐘頭,是該休息一下了。一家取名為綠洲(Oasis)的咖啡店出現在左前方。找一個好位子,下背包,去櫃檯買了一杯美式咖啡,選了一塊杏仁蛋糕。蛋糕一入口,天啊,怎麼那麼好吃,有德國阿嬤烤蛋糕的味道。正在享用蛋糕時,卡爾老先生走了進來,真是驚喜。兩人又聊了一陣。

出發前,先去廁所解放一下。揹上背包,跟卡爾道再見,輕鬆走出綠洲。走著走著,感覺不太對勁,為什麼走起路來這麼輕鬆?低頭一看,ㄠ壽,裡頭裝有護照和歐元的腰包不見了。趕緊折回綠洲,卡爾一見到我就說,老闆找我,我的腰包在櫃檯。立馬想起來,方才上廁所時,曾把腰包解下來,隨手一放。處理完需求後,洗洗手就離開,換下一個人進去。還好那位善心人士把腰包拿去櫃檯失物招領,而不是順手牽羊摸走。去了櫃檯,老闆娘一看我來,問也沒問,去屋內拿出腰包,也沒有詢問核對一番。我除了感謝之外,還是感謝。

再次和卡爾說再見,這回真的是輕鬆走出綠洲。

距今日落腳的城市 Caldas de Reis 剩沒幾公里了。走在路上,兩邊多半是葡萄園。或許不是盛產的季節,

走在
葡萄牙之路上

　　垂掛在蔓藤上的葡萄，看起來既小又少，不曉得吃起來的味道如何。曾看見兩位自行車騎士停在民宅牆外，伸手去摘牆內的葡萄，摘了就往嘴裡送。其中一個甚至拿出小塑膠袋，裝了半袋。我邊走邊睜大眼睛，這不是某種違法的行為嗎？他們怎麼吃得那麼開心？

　　老天下起雨來了，真是難得！一路燠熱的天氣，終於帶來點涼意。把背包的防雨外套裝起來，自己要不要穿上雨衣呢？看這雨也不大，就這麼走著吧，免得雨衣擋了小雨，卻擋不了悶熱帶來的汗流浹背。46.750公里。

　　接近市區，傳來樂隊演奏的聲響，是有人結婚？還是甚麼喜慶活動？好奇心驅使下，走去N550a公路上瞧一瞧。（今日路段從朋堤維德拉起，一直走在N550公路的左側，幾乎與它形影不離。）

　　六位戴著太陽眼鏡，穿花襯衫搭配短褲的西班牙帥哥樂隊，在一家朝聖者餐廳前唱著歌。先前碰見的那群義大利帥哥正站在一旁隨著韻律，擺動著身體。主唱唱完後，講了一堆我聽不懂的西班牙話。一說完，樂隊團員開始收拾自己的樂器。唱完了？

　　早上從朋堤維德拉出發時，必須過Lorez河，此刻要進入Caldas de Reis也必須經過一條河（Rio Umia）。

十二、木杖、葫蘆和扇貝殼

站在橋上,看看綠意盎然的兩岸,雖有整治,卻沒有太多的水泥化。

橋頭邊有一家麵包店,中午時分飢腸轆轆,看見櫥窗內那一堆圓滾滾的大麵包,哈拉子都流了出來。隔壁是一家運動用品店,進去買了一件短褲(原先的短褲掉在 Porrino 的阿爾貝給)。

一踏入舊市區,一眼看見綠色貨櫃屋擺在路旁,左上方一個大大的 i,旅客中心到了。進去蓋了一個證明到此一遊的章,之後就循著手機地圖的指示,開始找今晚的住宿地點。穿街走巷,走出不怎麼大的舊市區,開始走向郊區。手機發出「到了,旅社就在您右側」,右側?見鬼了,右側是家汽車修理廠,難不成旅社藏在裡面?午休時間,汽車修理廠大門深鎖,隔壁是一排民房,沒有一點像是一家供人住宿的民宿樣子。在汽車修理廠走過來,又走過去,再看手機地圖。這下該如何是好?

帶點沮喪地看看四週,咦,對面那家看起來像是新整修過的房門上方,掛著一塊小小的招牌寫著:Estrella Do Camiño Hospedaje,不正是今晚要住的民宿嗎?它怎麼在對面,而不是在路的這邊?難道是我錯怪手機?不管了,先過去再說。

走在葡萄牙之路上

　　民宿下午 2 點入住,現在才 1 點 20 分,早知道剛才就該在橋頭的麵包店買一個麵包來啃。我不是唯一坐在陰涼處等開門的背包客,還有 2 人同樣在等著。

　　女主人來了!面帶笑容地跟我們解釋民宿的設施和規定(如禁菸)。由於清潔房間的工作尚未結束,女主人一直說:Momento, Momento, Momento。我把這一段話傳給同事,她回說下回他們(拉丁民族)會說:Paciencia, Paciencia, Paciencia(耐心)。

　　實在是等不了了,乾脆站在三樓房門口「監督」打工妹整理房間。本來想跟她說,不用擺得那麼美觀,能睡就好了。可是想了一想,這是她們的工作,我不應該干涉她們的工作內容。

　　打工妹盡可能地手腳勤快,終於整理完畢!這家民宿的床鋪應該是整理得最為美觀的一家,茶几上又有迎賓禮(果汁和小蛋糕),真窩心。每回入住的第一件事就是洗澡,今日也不例外。浴室頗大,洗起來很舒服。美中不足的是只能在澡盆裡淋浴,沒有規劃出獨立的淋浴空間。

　　下午 5 點多和學長一起出去用餐。路上的餐廳都關著門,還沒到營業時間。只好到「勤奮」的土耳其人開的 Kebap 店,點了兩個素肉夾饃。吃完後,跟學

十二、木杖、葫蘆和扇貝殼

長說我要去麵包店買麵包,其實是想補中午那時沒買麵包的遺憾。到了麵包店,只見窗簾拉下,大門關閉,哇,沒營業。這下子遺憾終生了。

一路快步回到 Kebap 店和學長會合,去對街的超市買水、水果和可頌麵包,明天路上需要。

今日步行共 22.01 公里,39,709 步。

走在葡萄牙之路上

十三、惱人的 overbooking

走在葡萄牙之路上

一早起床,整理妥當後,也學臉書葡萄牙之路社群裡的一些背包客,出發前先曬一下開箱圖。把大背包裡頭的三小包、登山鞋、拖鞋、健行杖、指南手冊等,成正方形擺在地板上,拍張開箱照。有些人會把所有大小東西一一擺好,展現背包收納時的精打細算。有位仁姐寫到,衣服只需兩套,一套穿在身上,另一套在背包裡。的確,行走在朝聖之路上所需不多,每日除了走路外,不太需要做些其他甚麼事。更何況身為一位朝聖之路上的背包客,穿金戴銀的,似乎也不太合適。不過,需要與多餘之間,有時界線還蠻難劃清的。走路只需要一雙健行鞋,可是日常生活中,很難每天都穿同一雙鞋子。

7點鐘出門,天已經亮了,太陽卻還沒露臉。遠處山丘陵線上,現出一抹淺黃色光芒,此刻仍需要路燈照亮前去的方向。民宿離朝聖之路不遠,約走百公尺後,就步上正道上了。

今早出發時的心情極好,溫度只有攝氏15度。走在鄉間小路,迎面而來的陣陣涼風,吹得人有些涼意。打算穿上薄外套,可一想待會太陽露臉,又得脫下,索性就讓自己心涼脾透開,邁開步伐前進。

林間柏油路、石塊路和泥土路互相交換著,讓行走在上頭的我們也變化著踏在路面上的感受。柏油路

十三、惱人的 overbooking

面平整好走,但腳穿登山鞋的旅人不太喜歡走在柏油路面,認為路面過硬,不如泥土路來得鬆軟。泥土路的確比柏油路來得軟,但若被踏成死土,它的堅硬程度可不輸柏油路。石頭(或鋪上石塊的)路大概是三者當中讓我踩在上面時,會發出哀聲嘆氣的路面。凹凸不平、縫隙過大不說,若是路面過於潮濕,還容易滑倒。還好石頭路只鋪在城裡與郊區的路段,出了城鎮,就是柏油路與泥土路的天下了。剩下 39.910 公里,終點站不到一個馬拉松 42.195 公里的距離。

(依據指南手冊提供數據的統計,葡萄牙之路全長 248 公里中,柏油路面就有 165 公里,泥土(含石塊)路面有 83 公里。柏油路面又有國道與鄉間道路之分,前者總計約 31 公里,後者 134 公里。)

8 點,太陽懶懶地從遠處露出曙光。不一會兒路旁的葡萄園、玉米田、向日葵,野花野草全籠罩在明亮的日光下。寬不足 2 公尺的石塊路上,走著一群一群的背包客。一位有著「光明頂」的先生走在團體的最後頭,雙手揹負在後,好像押著隊伍似的。數一數走在他前面的青少年,有八人吧。看起來好像老師帶著班上同學出來健行的樣子。

路旁一群公牛低頭啃著草,這群公牛的牛角真是漂亮,多拍了兩張照片,希望它們不是養來送去鬥牛

走在葡萄牙之路上

場,等著被激怒的牛。溫度依舊是攝氏 15 度,金色光芒照耀大地,今日絕對是個好日。

一座羅曼式小教堂出現在前方,矮牆圍起來的庭園裡有兩座木刻品,一座是長筒登山鞋,另一座是一位仰頭望天的男子。走在路上,每天都會注意背包客穿甚麼樣的鞋子。攏統來說,什甚麼鞋都有,就是沒見過穿長筒登山鞋的。

一部西班牙國民警衛隊(Guardia Civil)的中型警備車停在路旁,一群青少年群聚在車門口。走近一看,原來是提供蓋章服務,車內的員警正忙著為眾人在朝聖護照上,蓋證明到此一遊的章。我當然也讓員警在我的護照上,蓋下今天第一個章。繼續前行。

兩位西班牙小姐蓮步輕移,從我身旁盈盈而過,兩人邊走邊聊。聽她們說話的速度,似乎不遜雙腳前進的速度,甚至是有過之而無不及吧。

走在鄉間泥土路上,天空湛藍,四周寂靜,一片美好。四五位青少年不走正路,偏偏踏入草地走捷徑(類似三角形的斜邊)。每人揹著背包,手持健行杖,邊走邊跳邊笑,正是「少年不知愁滋味」。走朝聖之路為何要帶上虔誠的心情呢,不能像這批青少年般,邊走邊玩嗎?走這條路究竟是想洗滌自身,還是求得內心的歡愉,又或者啥也不求,純粹只是走路過日子?

十三、惱人的 overbooking

　　年輕人的腳程比我快多了,剛剛還走著捷徑,一踏上正路後,一溜煙,馬上不見人影。在馬拉松的場子上,這叫做「看不見車尾燈」。此時竟只有我一個人獨享這條泥土路。

　　泥土路止於柏油路,對面一家咖啡早餐店(Bar Pardal),招牌上寫著早餐、各種塔帕斯,以及三明治(Bocadillos),還有最重要的蓋章。沒認識幾個西班牙字,不然會吃頓西班牙式早餐。隨身攜帶的指南手冊上,作者諄諄提醒想踏上朝聖之路的背包客,出發前最好學幾句當地的語言。看來是有必要的。

　　放下背包,進入店裡點杯美式咖啡(送一塊小蛋糕和比利時小餅乾),1.30 歐元,享受一下咖啡香。看一下手表,9 點 14 分,才走約 2 個鐘頭,應該有七、八公里吧。解了咖啡的癮,繼續上路。

　　今日的路況良好,一路平坦,而且多半走在林間道路上,舒服得很。唯一覺得不太習慣的是前前後後都有人,很少有像走在葡萄牙路段那樣人煙稀少的景象。或許是接近聖地牙哥了,該冒出來的人,通通冒出來了。33.000 公里。

　　出了樹林,接上柏油路,應該進入 Padrón 的郊區了。路邊有處休息區,石椅、源源不絕的水從牆壁上的水龍頭流出,以及垃圾桶,真的,垃圾桶。回想這

走在葡萄牙之路上

一路走來，除了見過人行道上的大型垃圾桶外，很少見到像一般公園內常見的那種小型垃圾桶。

又見到一座小教堂。走下階梯，一眼瞧見古樸的朝聖者石像，不曉得它站在這裡迎接來訪的客人多久了。身上掛了四個扇貝殼、一條十字架項鍊，還有一些，嗯，塑膠垃圾。沒有動手清除那些「垃圾」，不宜吧。

與它合影自拍幾張照片。一位背包客走過來，

💬 需要我幫你拍嗎？
好啊，謝謝！我也幫妳拍。
好啊，謝謝！

隨意走走看看。這是一座墓園，教堂左右兩側立著一棟棟類似連間的透天房，四層。有「住人」的樓房，一面牌子，上頭只有名字，出生和往生的日期，一束鮮花，如此而已，就這麼簡單。與之相比，那秦王政也太奢華了吧！

出了墓園區，往前走。馬路旁有一塊三角警告標誌，小心行人（朝聖者）。三角標誌底下，一塊上藍下黃的牌子。上半部一個大大的扇貝殼，下半部寫著 Camino de Santiago，底下更小的一行字 Itinerario Cultural Europeo（歐洲文化之路）。

十三、惱人的 overbooking

看到歐洲文化之路這六個字，心情頓時歡愉起來。原因很簡單，因為我寫了一本歐洲文化之路的書，第三章就是講述朝聖之路，首節即是聖雅各之路。2019年出版，2024年終於踏上朝聖之路，這怎麼能不令人高興呢？

San Miguel 咖啡店，露天陽傘下坐著背包客與自行車騎士，應該是吃著早餐。吸引我的目光的是那一塊大大的招牌，上頭寫著朝聖者餐 6.5 歐元。還沒見過這麼便宜的！今日路程剩下不到 7 公里。

路上的背包客可多了，一群一群地從身旁走過。後頭傳來一位女子曼妙的話音，有如黃鶯出谷一般，真是好聽。曾看過有人對歐洲語言下了最好的應用註解：

In Italienisch singt man
In Englisch dichtet man
In Deutsch verhandelt man
In Französisch liebt man
Und in Spanisch betet man.

人以
義大利語唱歌
英語寫詩
德語談判

走在葡萄牙之路上

> 法語談戀愛
> 西班牙語禱告

那位女背包客說的正是如唱歌般的義大利語。

29.870公里，氣溫攝氏20度，中午11點11分，路旁有座簡易飲水器，說明牌上寫著：Auga Potable。即便看不懂西班牙文，光看它的圖（水龍頭的水滴入已經半滿的玻璃杯裡），也知道水可生飲。這座飲水器的設計既方便直接就嘴喝，下半部的出水設計也方便以水壺接水，或者，嗯，洗腳。或許真的是用來洗腳的也說不定。

走在山丘上（這地方叫做Pontecesures），望見底下一條河，那應該就是烏拉河（Rio Ulla）了，過河即是Padrón。

過烏拉河的橋面不寬，兩線道而已，橋上的人行道幾乎都是往城裡去的背包客。過橋遇見6位穿黑色制服的西班牙帥哥警察。拿出手機，和他們來個自拍，其中三位也很配合地舉起比讚的大姆哥。河岸邊似乎正在準備活動，工作人員正忙著搭鐵架，看來他們是在這裡維持交通秩序吧？。我，一幅朝聖背包客的裝扮，一點都不像偷渡客，應該不會引起他們任何懷疑才對。

十三、惱人的 overbooking

　　過橋再走一段約 2 公里的空曠郊區小路。所謂的空曠是，真的可以看得很遠，而且觸目所及一片綠意盎然。藍天為頂，綠草為地，大概就是這番景致。這會是一個讓人活膩的地方？

　　進城的最後一段路是沿著烏拉河的支流薩爾河（Rio Sar）走的，流水潺潺，雖已經中午 12 點，走起來令人心曠神怡。今天真是個美好的一天！

　　人說福禍相倚，沒想到一路的好心情卻被民宿主人傳來的一封簡訊破壞殆盡。

　　走進 Padrón 市區，想想離入住時間還早，便去供應朝聖者餐（一份 12 歐元）的咖啡店，跟老闆娘點一份朝聖者餐。老闆娘指指牆上掛的大鐘，說一點才供餐。啥？一點？現在才 12 點 15 分，還要再等 45 分鐘？算了，走出咖啡店，繼續往前行。

　　左邊出現類似早年衛武營房舍的大庫房，走進去，原來是當地的傳統市場。只是已是中午時分，許多攤位早就收拾乾淨，空留鐵架。見前方一處有兩人排隊的攤位，就往前跟著排起隊來。

　　攤位的玻璃櫃上疊著兩個圓形，有著摩托車輪胎大小的麵包，玻璃櫃內是一塊又一塊的大乳酪。看著麵包和乳酪，心想就是它倆了。排我前面的女士切了

走在
葡萄牙之路上

一塊原味麵包,老闆娘用刀子比個大小。女士說 Sí！一刀切下去,往磅秤一放,說了一句我聽不懂的西班牙話。

輪到我,先用手指比著下面那一個水果麵包,再以右手拇指和食指指出約略大小。老闆娘以刀量了一下,看著我。我說 Sí。再買一塊乳酪。老闆娘也以刀量出乳酪大小。我還是說 Sí。

拿起簡單的午餐,走到薩爾河畔公園樹蔭下,享受一口麵包,一口起士的久違快感。此時手機傳來咚一聲,有簡訊進來了。嘴裡咬著乳酪,手裡滑著手機看簡訊。這一看不得了！今天要入住的民宿傳來簡訊說,由於 overbooking,我無法入住。旅社給我一個電話號碼,要我自己用 what's app 和對方聯繫。

怎麼會有這種事？老早就透過 booking.com 訂好了,錢也收了,也 confirm 了,為何沒地方可睡,還要自己去聯絡？趕忙收拾午餐,匆匆走去那家民宿。按門鈴,有人從樓上開門。上了二樓,只見兩位也是入住這家民宿的西班牙母女站在走廊。我把西語版的簡訊給那位女兒看,她以簡單的英文,加上手機翻譯,跟我說因為 overbooking 的關係,我必須去別的地方住。我回答說哪有這個道理,錢收了,確認了,為何會沒有地方住？我請她打電話給旅社主人。兩人就在

十三、惱人的 overbooking

電話裡機哩瓜啦地說了好幾分鐘。通話沒能改變 overbooking 讓我必須住去別處的現實。

我沒有 what's app，撥了民宿主人提供的電話，嘟嘟嘟，也沒人接。那對西班牙母女也已出去用餐，空留我一人在二樓走廊發呆。真想就強行住在客廳，逼老闆出來解決問題。之後想想，一路的好心情，怎麼可以被 overbooking 破壞掉。揹起背包，走下樓去，再找晚上可以睡覺的地方。

走回河畔公園，停在路旁，用 google map 搜尋附近的旅館。不經意地向右看了一下，竟然是一家飯店，看那門面，應該不便宜。管它的，查查 booking.com 怎麼說。客滿！頁面往下滑，出現李維拉主廚飯店（Hotel Chef Rivera），僅剩兩間空房。李維拉，嗯，不就是洋基隊那位鼎鼎大名的救援投手李維拉（Mariano Rivera）嗎？事情不是笨人想的那麼簡單，飯店當然不是他開的。

站在路旁，有點慌張地點擊頁面，快速地選擇房型、付款、確認，OK 搞定。帶著輕鬆的心情，前往 600 公尺外的李維拉飯店。

走進飯店櫃台，說訂房的經過。櫃台小姐便給我一把房間鑰匙，說房號，收費用。進入房間，一看那張床，怎麼有點小，這睡得下兩個人嗎？先洗澡再說

走在葡萄牙之路上

吧。洗完澡，全身舒爽，但越看那張床，越覺得這張床絕對容不下我和學長兩個人。怎麼辦？牙一咬，下樓去，再問有無空房。

坐在櫃台後的是一位操著英國口音的女士，我跟她說必須再多訂一間房間。女士很快地翻看桌上的登記簿，說還有一間雙人房。雙人房？有雙人房，之前怎麼會訂到單人房？如此一來，豈不讓學長得多付好多歐元，這可如何是好？想想事已至此，只好硬著頭皮訂下雙人房，等學長到來後，再說明吧。

女士看我是朝聖者模樣，便跟我介紹 Padrón 的聖雅各大教堂、河畔花園，以及可以蓋章和領取 Padrón 特有的完走證書的旅客中心。

學長到來後，我跟他說明今日尋找住處的經過。還好學長「大肚能容天下事」，對我的失誤，以致多訂一間雙人房不以為意，開心地接受一個人可睡兩張床的「好事」。

Overbooking 這件事，根本不是我的問題，也不是我的錯，到頭來還要自己貼錢去住別的地方，真是豈有此理。原先的民宿房價雖不貴，但錢總歸是錢。這筆錢不知該如何討回，只能在 booking.com 旅社評價上送給它大大的惡評。

十三、惱人的 overbooking

飯店那位女士曾說，聖雅各的門徒將老師的遺骸，用船從遙遠的巴勒斯坦海法，運到加利西亞 Padrón 附近上岸。因此這邊是早先埋葬聖雅各遺骸之所在，之後再遷移到今日的聖地牙哥德孔波斯特拉。

我們去聖雅各大教堂參觀時，被牆上四張圖畫吸引住。趨前一看，這四張畫分別述說聖雅各在加利西亞地區傳教、門徒將他的遺骸放在船上、盧帕女王受洗皈依等事蹟。教堂大門旁還有一座白馬騎士雕像，英武的騎士左手持十字架，右手拿寶劍，揮劍欲砍已經坐在地上的三名回教徒。那三人包著頭巾，手持彎刀，面露驚恐。傳奇事蹟中，這位白馬騎士乃聖雅各的化身，助基督教軍隊擊退穆斯林。

依著旅館女士的建議，我們拿出朝聖護照蓋章，再花兩歐元，點了兩個小蠟燭。出教堂，去了旅客中心，想要領取 Padrón 的完走證書。沒想到這份證書也要兩歐元，好吧，至少我們比其他朝聖者還要多一張完走證書。

辦完正事，學長想去吃點東西。我們找了好幾家餐廳，廚房都沒開火（下午 5、6 點）。走到一家酒吧前，見到德國來的卡爾老先生獨自一人坐在陽傘下喝啤酒，真是驚喜，和他暢談了好一會。酒吧原本有供應漢堡之類的輕食，但此刻不供餐。

有時會想，西班牙人怎麼搞的，下午 4 點到晚上 8 點之間，餐廳都不供餐，這是要「餓死」觀光客嗎？還是觀光客要 "When in Rom, do as the Romans do" 呢？沒辦法，廚師休息，沒得吃就是沒得吃。還好學長說他進城時有看到一家超市，應該有營業。我們去超市買了沙拉等食物，帶回去旅館享用。

今日里程 18.24 公里，走了 33,436 步。

十四、兩天當一天計

走在葡萄牙之路上

💬 這一天要寫兩天的事。

為啥？

因為出發前擬定行程計畫時，日期漏了一天。

漏了？漏了，再排進去就好了，不是嗎？

不，整趟朝聖之旅從訂機票開始，再訂沿路的旅社，而這一切都以徒步和休息的天數為基礎。如果有多或少一日，整個行程必須得隨著變動；再者訂旅社不是逐日訂，而是依照規劃的日期去訂。等機票和旅社通通訂妥了，才發現行程表上少了一日。

哇，哪安捏？

唉，繕打日程表時，純粹就是跳過一日，也沒檢查出來。等發現時，只得在抵達聖地牙哥之前，再多停留一天。

那不就是一天的行程要拆成兩天來走？

對。Padrón 的下一站即是朝聖之路的終點聖地牙哥，兩地相距約 26 公里，實在沒必要切成兩天。不過，錯誤既已鑄成，也沒辦法啦！

那這多出來的一天規劃走幾公里？

9 公里。

9 公里？明天可睡到日上三竿再出發也不遲啊。

這一天雖沒有睡到日上三竿，卻是最晚出發的一日，只有 9 公里而已，沒必要摸黑出門。

十四、兩天當一天計

　　氣溫攝氏 16 度，沁涼空氣由鼻、咽、喉、氣管、支氣管入肺，舒服啊！在台灣，這種舒服感或許只能在高山才可享受到。偶爾在淡水新市鎮公司田溪接近出海口的路段，也可嗅到帶有秋天涼意的清新空氣。歐洲的秋天似乎來得早些。天空湛藍，陽光明媚，是個出遊的好日子。

　　出了旅館，步上大馬路，瞧見對面有家早餐店，吃個早餐再出發。這裡提供的早餐通常都是標準配備：咖啡加可頌（或西班牙式三明治），不像台灣的早餐每天都可以變化新的花樣。

　　依著昨日旅館人員提供的路線，我們沿路直行，不久就看到值得信賴的黃箭頭，一旁的路標標示出 25.140 公里。這是一日可達的腳程啊！

　　從城內公路右彎進小路，這類的路很像在地人才知道的捷徑，也像塞車時的替代道路。10 點多了，路上的車輛和行人稀少，走起來相當舒服。

　　經過一處有屋頂的正方形水池，水池周邊建有類似洗衣板的石板塊，角度傾斜，方便搓揉。我猜是早期供居民洗衣用的。

　　（有位友人上個月曾來走過葡萄牙之路，他說路上有可泡腳的溫泉。我們快走到終點了，卻未曾見到可以

泡腳的溫泉。看看這一座「洗衣池」，既無冒煙的水氣，也沒有可坐下來的石椅，怎麼看都不像是溫泉池。）

也經過一家石材加工廠，一座朝聖者石像立在路旁，注視著路過的背包客。石像的左手持木杖，上頭掛一只葫蘆。似乎有一塊布罩著這只葫蘆，以致只看到葫蘆的圓屁股。石像的右手拿一本書，頭上戴一頂大盤帽，帽子正面中間一個扇貝殼。這種大盤帽讓我想起高中上軍訓課時，一身卡其制服，配上一頂大盤帽的往事。我們都會把大盤帽的兩側往下壓，讓鑲嵌國徽的部分形成突出的尖形，這樣看起來好像很「屌」的樣子。軍訓教官雖然不太喜歡我們搞怪，但也容忍我們年少輕狂時一些無傷大雅的舉動。

一面大大的說明牌，說接下來的 2.2 公里會經過兩處地區中心（Nucleo Urbano：Rueiro 和 Tarrio），其中有一小段路為古朝聖之路。

（提到古朝聖之路，讓我想起神聖羅馬帝國皇帝兼西班牙國王兼荷蘭領主的卡爾五世（Carlous V / Karl V）皇帝，要去阿亨（Aachen）大教堂接受教宗加冕時，從巴塞隆納出發，一路到聖地牙哥，再從 La Coruña 搭船走海路去阿亨。時間是 1520 年 2 月 22 日到 4 月下旬。時至今日，21 世紀的朝聖背包客仍走著 500 年前卡爾五世走過的那一條道路前往聖地牙哥。）

22.860 公里。這段路的確經過兩個地區，但我不確定是否真的經過「中心」。從路旁民宅的外牆看來，一半以上都是未經整修的舊房子，有點像是鄉下地區的舊式磚造房。屋頂上連接各家的電線將天空割裂成好多小塊，和早期台灣的景致差不多。道路狹窄，不適合車輛進出，或許可通騾車。少數房屋傾頹，失去屋頂的牆壁上早已長出青草。有些民家的閣樓就建在馬路上方，形成路人屋下過的有趣景象。

出了住宅區，視野一片開闊。回首來時路，身後的民房充滿舊意，可沒想像中的古意。倒是家家戶戶必備的穀倉，多半翻舊如新，一片新意。

由於在草擬行程時，少算一日，以至於後來發現時，必須在 Padrón 和聖地牙哥之間再多停留一站。這一個「失誤」讓我們有機會領略西班牙鄉村地區濃厚的宗教氛圍：Mi Primera Comunion。

走在 N550 公路的人行道上，道路兩旁的房子逐漸聚攏起來。兩家餐廳曬出的朝聖者餐照片，讓人垂涎三尺；一家朝聖紀念品專賣店擺出琳瑯滿目的各式紀念品，讓路過的旅人不得不多瞧兩眼。要不要進去買點甚麼？要不要進去吃點甚麼，或者喝杯咖啡？

走在葡萄牙之路上

　　腳步放慢，考慮促進一下當地的經濟活動時，抬頭見到前方教堂門口聚集大批盛裝男女，應該是有婚禮吧？來去瞧瞧。

　　走上階梯，哇，女士們各個身穿赴盛宴的洋裝，男士的穿著就沒有西裝領帶般的正式，但也不隨便。小朋友們的穿著也不馬虎，有的穿花童的白紗禮服或小西裝，有的穿類似軍禮服的制服。

　　目光四處搜尋，哪兩位才是今日的主角呢？走入教堂，裡頭已坐半滿，牧師和工作人員正在祭壇講台前布置準備著。小花童和小帥哥預演著待會行進的路線。

　　走出教堂，在門口問了一位西班牙大叔，今天舉行婚禮嗎？大叔回我聽不懂的西班牙語，右手指指教堂門口右側的花籃：Mi Primera Comunion。馬上輸入手機翻譯，「初次交流見面會」？這是甚麼東西？腦袋想，會不會是社區小朋友要讀小學前的班親大會？不像啊，小朋友看起來已是國小生了。

　　內人在 Line 群組裡寫堅信禮三個字，喔原來如此。這是一場專為年滿 12 歲的小朋友舉辦的第一次聖餐，難怪出席的大人們各個穿著正式服裝。

　　在教堂門口待了許久，都已經中午 12 點了，大人們站在教堂外聊天，小朋友還在教堂內彩排。到底要

何時才開始啊？今天的路程雖短，比較有時間，但也一直不能耗在這裡啊！想想，繼續上路吧。

（學長下午經過時，有瞧見大人們抬著聖母瑪利亞的神轎遶教堂轉。儀式結束後，去旁邊的餐廳用餐。）

走在 N550 旁的小路，遠處翠綠青山，近處一片青草地，成群樹木參雜其中，這裡不會是讓人活膩的地方吧？頭頂上的太陽努力揮灑它的熱情，早晨的秋意此刻轉成暑氣。

今天要入住的香港民宿（Pension HK）應該在附近吧？輸入手機地圖，沒錯，就在前方 N550 左側。再仔細看一下，哇，正走著的這條路沒有路可通到民宿。只能往回走到 N550，再沿著 N550 走一小段就到了。哎呀，剛才離開教堂前，若先查查地圖，就不會走這趟「冤枉」路了。

N550 為西班牙的國道（是普通公路，非高速公路，速限最高 90 公里），從西班牙邊境城市圖伊一路向北抵達終點站聖地牙哥，全長約 180 公里。葡萄牙之路從圖伊出發，跟這條國道總是形影相隨，若即若離。

當走上這條國道時，由於兩旁沒有設置人行道，走起來有些心驚膽戰。國道上來往的車輛風馳電掣，深怕會被尾風掃到，一個重心不穩，老命休矣。緊挨

著路旁的柵欄，邁著戒慎恐懼的步伐，一步一步往前行。

　　這段國道之旅也不過就 200 公尺，走起來像卻走了 2 公里那般久。待走到路邊較空曠的草地時，鬆了一口氣，還活著。民宿就在對面，招牌正向我招手。看看左右，沒有行人穿越道。也是，這郊區附近除了加油站和兩家民宿外，沒甚麼住家。既無住家，何必設行人穿越道呢？看左右無來車，一口氣飛奔過街。

　　香港民宿一樓為餐廳，屋後二三樓是供住宿的客房，我訂了兩間單人房。洗完舒服的熱水澡，下樓去吃飯。民宿老闆自兼廚師，父母親當廚房助手，算是家庭企業吧？這一餐吃得滿豐盛的，一盤鮪魚沙拉和一塊炸豬排，外加一堆薯條。酒足飯飽，往窗外一看，學長正朝民宿晃悠悠地走過來，趕緊起身出去「迎接」。

　　香港民宿位在郊區國道旁，算是國道旁的休息站，提供過往旅人餐點和住宿。附近無可逛的景點，再加上午後陽光炙熱，懶得出門，索性連晚餐也一併在這裡解決了。

　　隔日（08/16）一早 7 點，天還沒亮，我們在一樓用點早餐，主要想喝杯咖啡，好開啟一天的行程。民宿老闆和藹親切，和他合照後，我們便依著他的指示，沿國道往北走 100 公尺，過馬路，走小路，再走 200

十四、兩天當一天計

公尺便接上有黃箭頭的葡萄牙之路。甚麼？昨天看手機地圖時，根本沒有路可走到這裡啊，除非沿著 N550 走。問路、找路，果然要問對人，手機嘛，僅供參考！

出發時，遠方山丘稜線已出現淡黃色的金光，今天想必會有好天氣。跟著黃箭頭，走過鄉間民家，穿過窄小巷弄，來到縣市級公路。一塊看起來像是民間自製的黃箭頭壓克力板，頭尾兩段被釘在一根馬路中央分隔島上的兩支交通桿上，向背包客指示著右轉。

15.360 公里。步入林間石頭路，也就走了短短的 5 分鐘，隨即右轉上柏油小路，到了今天的第一家咖啡店。店的入口對著來路，但若要入店，必須繞到後門。一塊小黑板上寫著：Cash only, order at the bar before entering，看來是廁所不外借的意思吧？

早上 8 點多，溫度攝氏 15 度，12.730 公里。或許是「近鄉情怯」的關係，也或許是最後這一段路的風景平淡無奇，也或許是一心想盡快抵達主教座堂廣場，以至於沒去注意或者拍照留下帶有異國風味的景色。

10.640 公里。前方走著一對看起來像是來自東亞的母女，「還要吃餅乾嗎？」標準台灣式的漢語（國語、普通話）傳入耳朵，真是它相遇故音啊。快步走上前，打聲招呼，和媽媽閒聊起來。

走在葡萄牙之路上

母女來自新北市,趁暑假帶小朋友出來走走。說是走,從波多出發後,走累了就搭車。途中若遇見兒童遊戲場,小朋友一定會去玩。我問讀國小的小女孩,以後還會來走嗎?她以堅定的口氣說:不會。為甚麼不會?就是不想。

小朋友走朝聖之路,都是跟著父母一起來的。對他們來說,這是出門旅行;對大人來說,這是帶有某種目的的旅行。可能是與信仰有關,也或許是想發現自我(The Camino – A Journey of the Spirit, by Shirley MacLaine),或對自我的挑戰;有要尋找刺激的,也有要脫離日常生活,出去一下的(Ich bin dann mal weg, by Hape Kerkling,2006年出版,德語區國家賣出四百萬本的佳績)。我自己呢?為何會走在這條路上?

9.870公里。泥土路來個一百八十度的上坡大迴轉,邊坡很明顯地被走出三條捷徑,類似截彎取直的概念。進入城郊區,沒有沿著公路走,反倒走進城市的樹林內。出了樹林,站在空曠處,遠方建築物群中,教堂尖塔兀自指向天空,那邊就是聖地牙哥德孔波斯特拉主教座堂所在嗎?

10點,路邊稍作休息,來碗蛋白質粉。上路,N550就在左側,懸掛在鐵柱上的路牌寫著往南去Padrón。另一個路牌,SC-20往右岔出N550,前往聖地牙哥。這條小路正是沿著SC-20轉往聖地牙哥去的。

十四、兩天當一天計

　　5.373 公里，5.108 公里，5.020 公里，4.918 公里，只剩不到 5 公里了。走到約 2 公里處，兩塊沒有標示公里數的路標立在叉路上。一指向左，原本標示公里數的凹槽方格內寫著 Por Santa Marta；黃箭頭指向右的，寫著 Por Conxo。這是怎麼一回事？

　　站在兩塊路標前猶豫時，一群青少年踏著輕快的步伐從旁走過，跟我說往 Santa Marta。一看旁邊的說明牌寫著：Santa Marta 1.7 公里，Conxo 2.3 公里。心想，全程 240 公里的葡萄牙之路就快要走到終點了，多走個幾百公尺算是意猶未盡的加碼吧。

　　剛踏出沒兩步，又有一群背包客叫住我，說往這邊（Santa Marta），往這邊。看他們友善的表情，真誠的呼喊，我轉身跟著他們的腳步。

　　說實話，最後這一兩公里完全走在市區道路，幾乎沒去注意經過哪些店家，一心只想盡快一睹主教座堂廣場的風采。只有兩家商店投以關注的眼神，一家是關門沒營業的超市（咦，又不是週日，怎會沒營業？後來才知道，加利西亞地區連續放假二日）；另一家是麵包店，櫥窗裡的麵包、蛋糕，真想進去每種各咬一口。沒忍住三吋之間的口腹之慾，進去買了一個不知內餡為何的餅。一出店門口，趕緊送入口中一咬，鮪魚，還以為是咖哩的。

走在
葡萄牙之路上

　　一路沿著人行道走,背包上掛著扇貝殼的背包客越來越多,真不知是打哪兒冒出來的。行人也多了起來,尤其是左邊一處公園裡,雖還不到萬人鑽動的地步,卻是可以以遊人如織來形容。跟著人群往人更多的地方走去。

　　站在 Callo del Franco 街的街口紅綠燈等著過馬路。行人綠燈一亮,兩邊的旅客、背包客紛紛過街。行人穿越道似乎畫得不夠寬,容不下洶湧的人潮。一過街便是行人徒步區,馬上看到剛好位在三角窗(Y字型路口)的建築物門口前大排長龍,排些甚麼呢?毫無心思去看排隊的人龍到底想買甚麼。(原來是排隊買西班牙樂透,很像我們去了鹿港、北港等地拜拜後,順便求個發財。)

　　正在猶豫該往哪條路走去時,望著左邊擁擠的人潮,心想該是這條街(Callo del Franco)吧。這條街並不寬敞,大概只能容下一部小貨車通行。街道兩旁好幾家章魚海鮮店,朝聖紀念品店、咖啡店和一家著名的朝聖者蛋糕店。各店櫥窗內琳瑯滿目的商品,碩大的章魚、可口的朝聖者蛋糕、成堆的扇貝殼、五顏六色的紀念 T 恤、閃閃發亮的銀飾等,看得我眼花撩亂。

　　接近廣場時,一顆心砰砰地跳,馬上和內人視訊直播。腳步放慢,一心想抵達廣場後,學學羅馬凱薩

大帝他的三句名言：Veni, Vidi, Vici（我來、我見、我征服），大聲喊：「我來、我見、我走（過）」。

11 點 50 分抵達西班牙聖地牙哥德孔波斯特拉主教座堂歐伯拉都伊羅廣場。

十五、主教座堂廣場

主教座堂前的廣場到處都是人，街頭藝人、遊客、背包客，以及騎著自行車從 200 公里外某地，兩腳奮力踩踏，風馳至此的騎士們。

遊客們成群地散落於廣場四周，有的圍著導遊，聽她／他介紹教堂的歷史和建築特色，以及濃厚的宗教意涵，有的三三兩兩地尋景拍照。

自行車騎士停放好風火輪，以主教座堂正面為背景，擺出開心的勝利姿勢，按下一張又一張的照片。

背包客或坐或躺在地上，以背包當靠枕，享受片刻的寧靜，欣賞教堂之美；或者閉起眼睛，讓陽光肆意地灑在臉上，回想一路上的種種。

我請路人甲幫我拍兩張照片，雙手握拳，左右手拇指擺出讚的姿勢。這位仁兄還真認真，為了取得教堂從底到塔尖的全景，不惜蹲下，最後幾乎是以躺在地上的臥姿幫我按下那美好的一刻。

在教堂對面的走廊下休息片刻，望著廣場上川流不息的人潮。聖地牙哥市的常住人口約有 10 萬人上下，但每年從世界各地抵達這座城市的背包客（不含遊客），近年來多在 30 萬人以上，這兩年甚至已突破 40 萬人。[3]

---

[3] 以下數據資料，皆取自：Pilgrim's Reception Office, in: Statistics | Pilgrim's welcome office (oficinadelperegrino.com)

2018 年　327,277 人
2019 年　347,566 人
2020 年　54,144 人
2021 年　178,914 人
2022 年　438,307 人
2023 年　446,078 人

2024 年到 9 月為止，共有 429,068 人完成他們的朝聖之旅。8 月有 79,015 人來到聖地牙哥，乃是今年人數最多的一個月份。隨著秋冬季節的到來，10 月之後的月份應該不會超過 8 月的人數。

這麼多人走上聖地牙哥朝聖之路，他們是從哪來的？

以國籍來說，高居榜首的國家，毫無意外，當然是西班牙（187,767 人，2023 年）。其次是美國，再來依序為義大利、德國和葡萄牙。亞洲國家以韓國最多，有 6,034 人，台灣居次（2,898 人），總排名剛好排在第 20 名。之後為中國大陸、日本和新加坡。

至於踏出第一步的出發地，以薩里亞（Sarria）最多，其次圖伊，接下來依序為法國之路的 SJPP（聖讓皮耶德波爾），英國之路的費羅爾（Ferrol），以及葡萄牙之路的波多。薩里亞乃是法國之路的必經城鎮，多數人以此地為出發點，主因大抵是從此地到聖地牙哥

走在
葡萄牙之路上

的距離，剛好超過領取完走證書所規定的至少一百公里以上。圖伊市的情形也是如此。從這兩地出發到聖地牙哥不過就四五天的腳程，很適合短期的健行。

人說條條大路通羅馬，其實，條條大路也通聖地牙哥。西歐國家在政府與民間聖雅各協會的合作之下，規劃各自國家前往聖地牙哥的朝聖之路，方便人們從自家門口出發，徒步走向千里外的聖地牙哥；同時也藉此機會，串聯國內相關的教堂、遺址和地區文化的特色。

條條大路通往聖地牙哥，官方版認定的路有六條。除了北方之路、原始之路各自匯入法國之路，再從東邊進入聖地牙哥外，銀之路從東南邊、葡萄牙之路從南邊，以及英國之路從北邊，各路最後匯聚於主教座堂前的歐伯拉都伊羅廣場。至於世界的盡頭這條路，由於路程不到 100 公里，是以並未列入可頒發完走證書的名單內。但如果從聖地牙哥出發，走向菲斯特拉（Fisterra），再走到穆西亞（Muxía），之後循原路返回聖地牙哥。這一段來回的路程約 200 公里，是可以領取完走證書的。

其實，主教座堂廣場並非是朝聖之旅的終點。對一位虔誠的天主教徒來說，祭壇下方的地下墓室才是朝聖之路的終點站。墓室裡的聖物箱內珍藏使徒聖雅

各和他的兩位學生的遺骸。（數）百年前，聖物箱尚供奉在中殿裡，信徒進入教堂，便可在聖物箱前禱告、祈求、贖罪或還願。19世紀末，聖物箱移至地下墓室，再加上踏上朝聖之路的風氣日盛，人數眾多，廣場乃成為朝聖之路的終點站。

　　休息夠了，起身，來去領張完走證書。正事辦妥，回到廣場，巧遇西班牙小帥哥，他的雙手還高舉著西班牙國旗呢！回頭往來時路走去，這回要去徒步區前的路邊等學長，好一起去今晚下榻的民宿。

國家圖書館出版品預行編目資料

走在葡萄牙之路上 / 吳萬寶　著　－初版－
臺中市：天空數位圖書　2024.11
面：14.8*21 公分
ISBN：978-626-7576-04-5（平裝）
1. CST：徒步旅行　2. CST：葡萄牙
746.29　　　　　　　　　　　　　　　113018216

書　　　名：走在葡萄牙之路上
發 行 人：蔡輝振
出 版 者：天空數位圖書有限公司
作　　　者：吳萬寶
美工設計：設計組
版面編輯：採編組
出版日期：2024 年 11 月（初版）
銀行名稱：合作金庫銀行　南台中分行
銀行帳戶：天空數位圖書有限公司
銀行帳號：006－1070717811498
郵政帳戶：天空數位圖書有限公司
劃撥帳號：22670142
定　　　價：新台幣 480 元整
電子書發明專利第　I　306564　號
※如有缺頁、破損等請寄回更換　　　　　版權所有請勿仿製

服務項目：個人著作、學位論文、學報期刊等出版印刷及DVD製作
影片拍攝、網站建置與代管、系統資料庫設計、個人企業形象包裝與行銷
影音教學與技能檢定系統建置、多媒體設計、電子書製作及客製化等
TEL ：(04)22623893　　　　　MOB：0900602919
FAX ：(04)22623863
E-mail：familysky@familysky.com.tw
Https ://www.familysky.com.tw/
地　址：台中市南區忠明南路 787 號 30 樓國王大樓
No.787-30, Zhongming S. Rd., South District, Taichung City 402, Taiwan (R.O.C.)